JIHAD M. ABOU GHOUCHE

Fale mais Árabe!

Veja como acessar o áudio
p. 213

1ª reimpressão

DISAL EDITORA

Preparação de texto
Elza Mendes

Capa e projeto gráfico
Paula Astiz

Editoração eletrônica
Paula Astiz Design

Áudio
Locutor: Jihad M. Abou Ghouche

Dados Internacionais de Catalogação na Publicação (CIP)
(Câmara Brasileira do Livro, SP, Brasil)

Ghouche, Jihad M. Abou
Fale mais árabe / Jihad M. Abou Ghouche. – Barueri, SP : DISAL, 2019.

Bibliografia.
ISBN 978-85-7844-205-7

1. Árabe – Estudo e ensino I. Título.

19-29333 CDD-492.78

Índices para catálogo sistemático:
1. Árabe : Estudo e ensino 492.78

DISAL EDITORA

Alameda Mamoré 911 – cj. 107
Alphaville – BARUERI – SP
CEP: 06454-040
Tel. / Fax: (11) 4195-2811
Visite nosso site: www.disaleditora.com.br
Televendas: (11) 3226-3111

Fax gratuito: 0800 7707 105/106
E-mail para pedidos: comercialdisal@disal.com.br

Nota do autor

MARHABA!

Caro(a) estudante do árabe, seja bem-vindo(a)! É com muita satisfação que lhe apresento o **Fale mais Árabe!**

Este livro reúne conteúdos previamente ensinados no *Fale Árabe em 20 Lições*, que aqui são aprofundados através de exercícios novos e dinâmicos, e outros conteúdos inéditos, como o pretérito imperfeito, conjunções e advérbios.

Com esta obra, espero responder ao anseio de muitos que querem continuar avançando nos estudos do idioma através da transcrição fonética, para falar mais e melhor.

Quero parabenizá-lo(a), de verdade, por ter optado a se aventurar na aprendizagem de uma língua e cultura milenares tão bonitas e importantes no cenário mundial.

Quero também estender-lhe meus sinceros agradecimentos por confiar em meu trabalho – adquirindo meus livros e/ou acompanhando as minhas videoaulas no Youtube – e me motivar –, a estar sempre buscando o aprimoramento do ensino da língua árabe.

Por fim, desejo-lhe muito sucesso, e que esta língua seja um instrumento que lhe permita fazer novos amigos,négocios, viagens... que amplie seu conhecimento de mundo.

Um forte abraço,

SALAM!

Jihad M. Abou Ghouche

Como aprender com este livro

MARHABA, novamente! É importante que você leia as instruções a seguir com muita atenção, pois as ideias dadas aqui, de como proceder em seus estudos, proveem da experiência de alunos que obtiveram êxito em seu aprendizado. Portanto, são estratégias que, se seguidas, trarão melhores resultados.

Primeiramente, é essencial você saber que este livro é a continuação do *Fale Árabe em 20 Lições*, então, aproveitarão melhor aqueles que já concluíram o anterior.

Explicado isso, vamos às orientações:

- Anote em um caderno as palavras e frases novas que for aprendendo no livro. Crie suas próprias frases. Seja criativo, sempre há mais de uma maneira de dizer a mesma coisa. Adote como prática repetir tudo em voz alta.

- Apenas avance para a próxima etapa ou lição quando a atual estiver com no mínimo 70% do conteúdo bem assimilado. Exemplo: você tem uma lista de 20 verbos, só saia dessa página quando perceber que decorou, sabe usar, falar e entender, no mínimo, 14 deles. Cada pessoa tem um ritmo diferente de aprendizado, respeite o seu. Este livro deve ser trabalhado em pelo menos 12 meses, com 4 horas de estudo semanal, totalizando aproximadamente 200 horas. Faça seus cálculos em cima dessa informação e elabore seu cronograma de estudos.

- Ouça bastante o áudio. Escute e repita em árabe cada grupo de palavras várias vezes. Outro jeito interessante de treinar seu ouvido para o árabe é ouvir o áudio e tentar traduzir rapidamente cada palavra ouvida. Faça os exercícios que simulam uma conversa entre duas pessoas, sendo a voz do áudio uma e você a outra, mais de uma vez, até ficar fluente.

- O ideal seria ter alguém com quem praticar, que lhe ouvisse e lhe fizesse perguntas. Se não tem, faça sozinho(a) mesmo! Pergunte e responda em voz alta. Comente, saúde, elogie, critique, enfim, simule frases do dia a dia em diversas situações. Coloque para fora tudo que for aprendendo!

- Não existe uma fórmula mágica que facilite a aprendizagem e a fluência em um novo idioma. O único jeito mesmo é se debruçar sobre o material didático e estudar. Disciplina é o caminho, repetição é a receita, e a persistência é essencial. Sem esforço não há ganhos. Bons estudos!

Sumário

Lição 1	Fale sobre informações pessoais	**9**
Lição 2	Fale cumprimentos e saudações	**16**
Lição 3	Fale sobre sentimentos e palavras relacionadas a personalidade	**23**
Lição 4	Fale usando o tempo presente	**30**
Lição 5	Fale usando o tempo passado	**37**
Lição 6	Fale usando o tempo futuro	**45**
Lição 7	Fale usando o gerúndio (presente/passado/futuro)	**51**
Lição 8	Fale usando o tempo pretérito imperfeito	**57**
Lição 9	Fale usando os verbos especiais (presente/passado/futuro)	**62**
Lição 10	Fale usando os verbos "ser" e "estar" (presente/passado/futuro)	**70**
Lição 11	Fale usando pronomes interrogativos e similares	**77**
Lição 12	Fale com conjunções	**87**

Lição 13 Fale com advérbios (tempo/modo/lugar/afirmação/negação) **99**

Lição 14 Fale com preposições **106**

Lição 15 Fale sobre comidas e bebidas **112**

Lição 16 Fale sobre viagens e meios de transporte **121**

Lição 17 Fale com números (idade, valores, datas, tamanhos etc) **129**

Lição 18 Fale usando a forma comparativa e superlativa dos adjetivos **142**

Lição 19 Fale usando substantivos no plural **149**

Lição 20 Fale sobre direções **156**

Apêndice 1 – Transcrição fonética **160**

Apêndice 2 – Lista de verbos (raiz e infinitivo) **165**

Respostas dos exercícios **173**

Sobre o autor **211**

Como acessar o áudio **213**

Lição 1
Fale sobre informações pessoais

MARḤABA! Nesta lição você vai praticar perguntas e respostas sobre informações pessoais, portanto, o foco não será a estrutura da língua (a gramática), e sim o conteúdo. Procure entender a pergunta como um todo, não se apegue a detalhes, ou seja, palavras individuais, deixe isso mais para a frente, quando as lições trazem temas mais específicos. Serão 52 perguntas pessoais, responda primeiro cada uma por escrito, depois oralmente.

Importante! As perguntas a seguir estão feitas na 2ª pessoa do masculino [você (m) → INTA], se desejar fazê-las no feminino, (f) troque o "INTA" por "INTI" ["INTI → você (f)"], e acrescente "I" no final do verbo.

Exemplos:

UAIN INTA BTECHTEGHIL?
Para o feminino:
UAIN INTI BTECHTEGHILI?

CHU BTḤOB TECHRAB AL SOBEḤ?
Para o feminino:
CHU BTḤOBI TECHRABI AL SOBEḤ?

E as palavras masculinas com terminações "AK", devem ser trocadas para "IK" quando femininas.

Exemplo:

ξENDAK UKHUI?
Para o feminino:
ξENDIK UKHUI?

EXERCÍCIO 1

Primeiro dê respostas completas por escrito. Posteriormente, quando for praticar oralmente, você pode responder com frases curtas:

1) CHU ISMAK AL KĀMIL? (Qual é o seu nome completo?)

2) CHU ISMAK? (Como é seu nome?)

3) MARḪABA! INTA Samir? (Oi! Você é o Samir?)

4) KIFAK LIAUM? (Como está hoje?)

5) KIF AL ḪAL? (Como vai a situação?)

6) CHU AKHBĀRAK? (Quais são suas notícias?)

7) KIF SAḪTAK? (Como vai sua saúde?)

8) KIFAK? (Como está?)

9) ADDAICH ξOMRAK? (Qual é sua idade?)

10) AMTI ξĪD MILĀDAK? (Quando é seu aniversário?)

11) INTA MIN UAIN? (Você é de onde?)

12) MIN UAIN ḪADERTAK? (De onde o senhor é?)

13) CHU INTA BTECHTEGHIL? (Em que você trabalha?)

14) CHU MEHENTAK? (Qual é sua profissão?)

15) CHU UADξAK AL ξ Ā>ILI ? (Qual é seu estado civil?)

16) INTA MITJAUIZ? (Você é casado?)

17) ξENDAK AULĀD? (Tem filhos?)

18) AMTI TJAUAZT? (Quando se casou?)

19) UAIN BTESKUN? (Onde mora?)

20) UAIN SĀKIN HALLA? (Onde mora agora?)

21) CHU ξINUĀNAK? (Qual é o seu endereço?)

22) SARLAK ZAMĀN SĀKIN HAUNIK? (Faz tempo que mora lá?)

23) UAIN ξM BTECHTEGHIL? (Onde está trabalhando?)

24) ξENDAK UKHUI? (Tem irmãos?)

25) CHU ISMUN? (Como se chamam?)

26) INTA BTCHUFUN KTĪR? (Você os vê muito?)

27) CHU RA>AM TALAFONAK? (Qual é o número do seu telefone?)

28) CHU ξINUĀNAK AL ILIKTRUNI? (Qual é o seu e-mail?)

29) CHU BTḪOB TAξMIL BI UA>T AL FARĀGH? (O que gosta de fazer nas horas livres?)

30) LA UAIN BTRUḪ AL AḪAD? (Para onde vai no domingo?)

31) BTḪOB TCHUF AFLAM? (Gosta de ver filmes?)

32) CHU BTḪOB TEKOL ξAL GHADA? (O que gosta de comer no almoço?)

33) CHU BTḪOB TECHRAB AL SOBEḪ? (O que gosta de beber de manhã?)

34) INTA BTETξACHA BAKKIR? (Você janta cedo?)

35) BTḪOB TE>RA? CHU? (Gosta de ler? O quê?)

36) INTA BTMĀRIS CHI RIĀDA? (Você pratica algum esporte?)

37) UAIN KHLE>ET? (Onde você nasceu?)

38) AHLAK ξARAB? (Seus pais são árabes?)

39) AIIA NAUξ MUSI>A BTḪOB TESMAξ? (Que tipo de música você gosta de ouvir?)

40) CHU BURJAK? (Qual é seu signo?)

41) ξENDAK Facebook? (Tem Facebook?)

42) INTA BTEDFAξ AJĀR? (Você paga aluguel?)

43) KAM SAξA BTECHTEGHIL BIL USBUξ? (Quantas horas trabalha por semana?)

44) ASLAK ξARABI? (É de origem árabe?)

45) BTTĀBIξ AIIA DĪN? (Segue qual religião?)

46) INTA MASIḪI? MUSLIM? IAHUDI? (Você é cristão? Muçulmano? Judeu?)

47) BTRUḪ ξAL KNISI? MASJID? (Vai à igreja? Mesquita?)

48) BTḪOB TFI> BAKKIR? (Gosta de acordar cedo?)

49) BTNĀM LA>ĪS? (Dorme tarde?)

50) AIIA TALAFON MOBAIL ξENDAK? (Qual celular você tem?)

51) BTAξRIF TEKTOB U TE>RA ξARABI KAMĀN? (Sabe escrever e ler árabe também?)

52) ξENDAK SAIĀRA? (Tem carro?)

Após ter respondido às perguntas sobre você, verifique as sugestões de respostas no final do livro. Lembrando que elas são curtas e objetivas. Se você fez o que foi sugerido – deu respostas completas –, agora há dois tipos de respostas para praticar: as completas e as curtas. Isso é muito bom! Depois, ouça a faixa 02 e simule uma conversa com alguém que faz as perguntas e você as responde. Pratique, ora com o livro aberto, ora fechado. Mais de uma vez. Até ficar fluente!

EXERCÍCIO 2

A seguir, um parágrafo de um árabe falando sobre si. Imagine alguém se apresentando e falando um pouco sobre sua rotina. Leia-o em voz alta:

"MARḤABA! ANA ISMI TAREK, ANA ξOMRI TLETE U ARBAξĪN SENI, MITJAUIZ U ξENDI TLET AULĀD. MARTI ISMA SARAH U HIE ξOMRA TMENI U TLETIN SENI. NAḤNA ξENDNA MAḤAL THIĀB. ANA U IBNI KBIR MNECHTEGHIL HAUNIK. MARTI MUHANDISA, BTECHTEGHIL BI MAKTIB. NAḤNA MNESKUN BI CHA>A KTIR ḤELUI. FI Shopping KBIR ARĪB MIN BAITNA. MNRUḤ LA HAUNIK KUL USBUξ, NETGHADDA, NETξACHA AU BAS LA NCHUF AL MAḤALĀT. MARRAT MNRUḤ ξAL CINEMA KAMĀN. ANA ASLI MIN LUBNĀN, JĪT ξAL BRAZIL MIN ξECHRĪN SENI.

KUNT ESKUN BI DAIξA ZGHIRI BI MANTA>A ISMA B>Āξ AL GHARBI BI LUBNĀN. MARTI KHEL>IT HAUN, BIL BRAZIL. NAḤNA TξARAFNA ξALA BAξDNA LAMMA KUNNA BIL JĀMξA. AULADNA ISMUN AMIR, ISABELA U MAYA. ξOMRUN TMENTAξCH, KHAMSTAξCH U TESξA. AMIR BIEDRUS HANDASI BIL LAIL U BISĀξIDNI BIL MAḤAL AL SOBEḤ. AL BANĀT BIEDRUSU AL SOBEḤ. NAḤNA MNḤOB NSĀFIR. MARRA BIL SENI MNRUḤ ξAL BAḤER MNDAL HAUNIK USBUξ AU USBUξAIN. IDA KAN ARĪB MNRUḤ BIL SAIARA, IDA BAξĪD MNSĀFIR BIL TAIĀRA. AHLI BIESKUNU BI LUBNĀN. ANA BEḤKI MAξUN MARTAIN BIL USBUξ U BZURUN MARRA KUL SENTAIN. HINNI MABSUTĪN HAUNIK U NAḤNA MABSUTĪN HAUN."

Traduza o parágrafo acima:

EXERCÍCIO 3

Chegou a sua vez! Escreva um parágrafo em árabe se apresentando. Comece falando sobre você, sua origem, idade e onde mora. Depois sobre seu estado civil e um pouco sobre sua família. Em seguida, conte sobre sua rotina. E do que gosta de fazer em seu tempo livre e nas férias.

Agora leia seu texto em voz alta. Depois repita várias vezes olhando cada vez menos o escrito, até que consiga falar sobre você ininterruptamente, de maneira firme e natural.

Lição 2
Fale cumprimentos e saudações

Nesta lição você vai praticar saudações em árabe. Saiba que os árabes valorizam muito os cumprimentos e saiba também, e isso é muito importante, que é protocolo nas saudações a reciprocidade. Vou explicar melhor: árabes gostam de saudar não só em situações conhecidas, como "bom dia", "boa noite", "como vai?", "boa viagem" etc., mas, saúdam em diversas outras situações específicas, como quando se vê alguém trabalhando, comendo ou bebendo e até quem acabou de tomar banho! E se a pessoa A cumprimenta a B com belas palavras, é obrigação da pessoa B devolver no mínimo com a mesma gentileza, ou seja, retribuir com palavras tão belas quanto as que recebeu, e, se possível e desejado, até com mais bonitas! Isso é reciprocidade.

A seguir, há várias saudações com breves explicações de onde e quando devem ser usadas, no estilo A → B ou ainda B → A. Você já pode ir testando o quanto já sabe sobre esse tema sendo a pessoa B, ou seja, respondendo os cumprimentos da pessoa A.

EXERCÍCIO 4

Observe as saudações e em que situações são faladas e as responda em árabe.

1)
a) SABAḤ AL KHAIR! (Bom dia!)
b) ____________________

2)
a) MASA AL KHAIR! (Boa tarde! – no fim de tarde)
b) ____________________

3)
a) LAILE SAξIDI ! (Boa noite! – entrada/chegada)
b) ____________________

4)
a) TUSBIḤU ξALA KHAIR! (Boa noite! – saída/despedida)
b) ____________________

5)
a) AL SALAMU ξALAIKUM! (Que a paz esteja convosco!)
b) ____________________

6)
a) MARḤABA! (Oi!)
b) ____________________

7)
a) NHARAK SAξĪD! (Bom dia! – Referindo-se ao dia todo)
b) ____________________

8)
a) ILLA LIQA>! (Até logo!/Até o próximo encontro!)
b) ____________________

9)
a) ILNA AL CHARAF! (É um prazer!/É nossa honra!)
b) ____________________

10)
a) TCHARAFNA! (o mesmo que o nº 9, porém abreviado)
b) ____________________

11) "A" está indo embora e ao sair diz:
a) BKHATRAK! (Até logo!/Literalmente "com sua vontade/permissão")
b) ____________________

A frase nº 12 é um jeito de se despedir bastante usado no Líbano e na Síria. A ideia é de que a pessoa "A", antes de partir, queira saber se a pessoa "B" precisa de algo

12) "A" está indo embora e diz:
a) BADDAK CHI?! (Quer algo?)
b) ____________________

13) "A" está indo embora e diz:
a) MNCHUFAK BUKRA! (Nos vemos amanhã!)
b) ____________________

14) "A" oferece para "B", um copo de água, uma caneta, um guardanapo ou qualquer outra gentileza, como abrindo-lhe a porta:
a) TFADDAL! (TFADDAL se traduz como: sirva-se/pois não/fique à vontade/etc.)
b) ____________________
TIKRAM! (De nada!)

15)
a) CHUKRAN! (Obrigado!)
b) ____________________

16) "A" está entrando em um ambiente:
a) BIL IZEN! (Com licença!)
b) ____________________

17)
a) ξAFUAN! (Me desculpe!)
b) ____________________

18)
a) MABRUK! (Parabéns!)
b) ____________________

19)
a) "Atchim!"(Um espirro.)
b) ______________________________

20) "A" vê "B" trabalhando:
a) ALLAH IAξTIK AL ξĀFI! (Deus lhe dê disposição!)
b) ______________________________

21) "A" vê "B" bebendo e/ou comendo:
a) SAḤTAIN! (Saúde!/Bom apetite!)
b) ______________________________

22) "A" percebe que "B" cortou ou mudou o seu cabelo:
a) NAξIMAN! (Que lhe faça bem!)
b) ______________________________

23) "A" percebe que "B" acaba de tomar banho:
a) NAξIMAN! (Que lhe faça bem!)
b) ______________________________

24) "A" sabe que "B" irá viajar:
a) ALLAH ISAHIL AMRAK! (Deus facilite seus assuntos/sua viagem!)
b) ______________________________

25) "A" sabe que "B" sarou de uma doença ou salvou-se de um acidente ou de uma situação em que correu perigo.
a) AL ḤAMDILLA ξA SALĀMI! (Graças a Deus pela paz/bem estar!)
b) ______________________________

26) "A" sabe que parentes ou familiares de "B" vão viajar, se ausentar por um tempo e diz:
a) INCHALLA IASALU BISĀLAMI! (Tomara Deus que cheguem em paz/bem!)
b) ______________________________

27) "A" sabe que "B" vai viajar:
a) INCHALLA TASAL BISĀLAMI! (Tomara Deus que você chegue em paz/bem!)
b) ____

28) "A" sabe que familiares de "B" viajarão por algum tempo e retornarão em breve:
a) METEL MA UADAξTU, TLE>U! (Do jeito que se despediram, que o(s) encontre(m)!)
b) ____

29) "A" comenta sobre um ente já falecido de "B":
a) ALLAH IERḤAMU! (Que Deus tenha misericórdia dele!)
b) ____

30) "A" está falando sobre casamento e se dirige a "B", que é solteiro, e diz:
a) OξBELAK! (Que venha sua vez! [de casar])
b) ____

31) "A" quer desejar a "B" sorte e prosperidade nos negócios:
a) ALLA IERZ>AK! (Que Deus lhe dê/forneça seu sustento!)
b) ____

32) "A" lamenta e sugere perdão a "B":
a) ALLAH ISĀMḤAK! (Deus lhe perdoe!)
b) ____

A seguir, maneiras diferentes de perguntar:
Como vai?/Como está?/Como vão as coisas?

33)
a) KIF AL ḤĀL? (Como está a situação?)
b) ____

34)
a) KIF AL SAḤḤA? (Como está a saúde?)
b) ______________________________

35)
a) KIF CHOGHLAK? (Como está seu trabalho?)
b) ______________________________

36)
a) CHU AKHBĀRAK? (Quais são suas notícias?)
b) ______________________________

37)
a) KIFAK? (Como está?/Mais comum no Líbano.)
b) ______________________________

38)
a) CHLONAK? (Como está?/Mais comum na Síria.)
b) ______________________________

39)
a) IZAIAK? (Como está?/Mais comum no Egito.)
b) ______________________________

40)
a) AHLAN UA SAHLAN! (Sejam bem-vindos!)
b) ______________________________

41)
a) AHLA U SAHLA! (Bem-vindos!)
b) ______________________________

Agora ouça a faixa 03 e pratique as saudações oralmente. A voz do áudio será a pessoa A e você a pessoa B. Pratique mais de uma vez, até ficar fluente!

Importante! Todos os minidiálogos acima estão no masculino, para praticá-los no feminino, ou seja, se dirigindo a uma mulher ou menina, substitua as terminações "AK" por "IK".

Exemplos:

BADDAK CHI? (masculino)
BADDIK CHI? (feminino)

KIFAK? (masculino)
KIFIK? (feminino)

Lição 3
Fale sobre sentimentos e palavras relacionadas a personalidade

Nesta lição você vai aprender a falar sobre emoções, descrever como você se sente, e perguntar aos outros como eles estão. Também vai aprender a descrever personalidades usando palavras como paciente, generoso, pessimista e outras.

Primeiro, vamos enriquecer seu banco de vocábulos relacionados ao tema desta lição.

EMOÇÕES (ADJETIVOS)

Ouça e repita todas as palavras a seguir (faixa 04):

SAξĪD – feliz
FARḤĀN – feliz
MABSUT – feliz
MACHGHŪL – ocupado
QALQĀN – preocupado
GHADBĀN – nervoso
MUNDAHISH – surpreso
ḤAZĪN – triste
MAKSŪF – envergonhado
MISTAξJIL – apressado
ZAH>ĀN – entediado
TAξBĀN – cansado
MITḤAMMIS – empolgado
MICHMA>IZ – enojado
ARFĀN – enojado
KHĀIF – amedrontado
FAZξĀN – com medo
NAξSĀN – com sono
GHAIRĀN – com ciúmes

MNIḤ – bem
KUAIIS – bem
TAξĪS – infeliz/miserável
MITNADDIM – arrependido
MUKTA>IB – deprimido
MASRŪR – satisfeito/contente
FAKHŪR – orgulhoso
RĀDI – satisfeito
MIRTĀḤ – descansado
MAHMUM – preocupado
MITDAII> – incomodado
MINZIξIJ – irritado
MISTEḤI – envergonhado
KHAJLĀN – envergonhado
UAḤĪD – solitário
MUSTAGHRIB – abismado (porque estranhou algo)
MITḤAIIR – confuso/incerto
MITRADID – hesitante
MITFĀ>IL – otimista
MITCHĀ>IM – pessimista
MAJNŪN – louco
HĀDI – calmo
ξĀTIFI – emocionado
ḤASŪD – invejoso
ξANĪD – teimoso
FAJξĀN – guloso
ANĀNI – egoísta
KARĪM – generoso
BAKHĪL – pão-duro
MUHMIL – descuidado/negligente
LATĪF – delicado
SABŪR – paciente
M>ADAB – educado/polido
KASLĀN – preguiçoso
ξASABI – nervoso
CHUJĀξ – corajoso

JABĀN – covarde
MITUĀDIξ – modesto
JĀHIL – ignorante
ξĀQIL – sensato
SAKHĪF – bobo/tolo
GHABI – estúpido/idiota
ḤMĀR – burro
ZAKI – inteligente
CHĀTIR – esperto/empenhado
NĀJIḤ – bem-sucedido
FĀCHIL – malsucedido
ḤAKĪM – sábio
ξABQARI – gênio
SHARĪF – honrado
KAZĀB – mentiroso
SĀDIQ – verdadeiro
KHĀ>IN – traidor
MUJĀMIL – cortês
MUDḤIK – engraçado
ALĪL AL ADAB – mal-educado
TAMMĀξ – ganancioso
ξĀDIL – justo
DHĀLIM – opressivo/cruel
>ĀSI – cruel/duro

Importante! Essas palavras descrevendo emoções e personalidades estão no masculino. Para transformá-las no feminino, acrescente I.

Observação: Em algumas regiões/países árabes, preferem usar o A para o feminino.

Exemplos:

MISTAξJIL – apressado
MISTAξJILI ou MISTAξJILA – apressada

KHAJLĀN – envergonhado
KHAJLĀNI ou KHAJLĀNA – envergonhada

Para formar o plural, acrescente IN.

Exemplos:

FARḤĀNIN – felizes
MIRTĀḤIN – descansados

EMOÇÕES (SUBSTANTIVOS)

Ouça e repita todas as palavras a seguir (faixa 05):

FARAḤ – felicidade
SAξĀDA – felicidade
ḤUZIN – tristeza
ḤANĀN – carinho
KHAUF – medo
ITHĀRA – empolgação
ḤASAD – inveja
UAJAξ – dor
ARAF – nojo
RUGHBI – desejo
IRTIBĀK – confusão
HUDŪ> – calma
MALAL –tédio
GHARĀBA – estranheza
QALAQ – ansiedade
MARAḤ – diversão
TAQDĪR – apreciação
ξIBĀDA – adoração
IξJĀB – admiração
FAZAξ – pavor

I. FALANDO SOBRE EMOÇÕES (CHUξŪR)

1) CHU ξM BTECHξUR?
O que está sentido?

2) CHU CHUξURAK TIJĀH HEDA AL MAUDUξ?
Quais são seus sentimentos em relação a este assunto?

3) CHU ξM BTḤESS?
O que está sentindo?

Observação: "ECHξUR" é o verbo "sentir" e "ḤESS" também. No dia a dia, usa-se mais o ECHξUR para descrever emoções como alegria, tristeza, empolgação etc. Já o ḤESS, apesar de ser um sinômio de ECHξUR, é mais utilizado para descrever dores de cabeça, costas ou outros males físicos.

Exemplos:
ξM BECHξUR BI SAξĀDI KTĪR KBĪRI!
Estou sentindo uma felicidade muito grande!

ξM BḤESS BI UAJAξ BATEN.
Estou sentindo dor de barriga.

EXERCÍCIO 5

Traduza as seguintes frases para o árabe:

1) Por que você está apressado?

____

2) Eles estão arrependidos, deveriam ter comprado o grande.

____

3) Ela estava muito amedrontada!

____

4) O filho dele está um pouco envergonhado.

5) Seu pai vai estar muito orgulhoso de você!

6) Eu não fui, não estava descansado. Fui dormir mais cedo.

7) Por que você não está surpreso?

8) Esta situação é muito infeliz.

9) Eu estava muito preocupado ontem.

10) A esposa dele estava muito irritada.

11) Estou confuso, não sei o que devo fazer.

12) Ela está muito hesitante e quer mais tempo para pensar.

13) Nós estamos otimistas, se Deus quiser vamos terminar antes das seis horas!

14) Por que você é sempre pessimista?

15) Ele está com vergonha do novo professor.

II. FALANDO SOBRE A PERSONALIDADE (CHAKHSIA)

1) SIF CHAKHSITU.
Descreva a personalidade dele.

2) KIF CHAKHSITU?
Como é a personalidade dele?

3) HUE ξENDU CHAKHSIA >AUII.
Ele tem uma personalidade forte.

EXERCÍCIO 6

Traduza as seguintes frases para o árabe:

1) O marido dela é muito teimoso.

2) Você não deveria ser assim, egoísta.

3) Meu avô é uma pessoa muito paciente.

4) Eles eram muito preguiçosos na escola.

5) Ele não gasta nada nas férias, ele é pão-duro!

6) A filha deles é muito educada, sempre cumprimenta a todos.

7) O diretor é um homem sensato, não haverá problemas.

8) Ela é muito rica, ninguém diz. Ela é muito modesta.

9) Ele foi sozinho à noite. Ele é corajoso.

10) Você é um gênio!

Lição 4
Fale usando o tempo presente

VERBOS COMUNS

Entendem-se por verbos comuns aqueles que, ao serem conjugados no tempo presente, seguem o padrão da regra do “B-, BT-, BT-I” etc.

A grande maioria dos verbos árabes, como você vai constatar a seguir, são comuns.

Exemplos:

EKOL - comer
NĀM - dormir
ECHTEGHIL - trabalhar
SĀFIR - viajar
RUḤ - ir
AξMIL - fazer

Importante! Há uma lista de mais de 230 verbos comuns no Apêndice 2, página 202, consulte-a!

CONJUGAÇÃO NO PRESENTE: SĀFIR – VIAJAR

PRONOME	VERBO	VERBO
ANA	BSĀFIR	eu viajo
INTA	BTSĀFIR	você (m) viaja
INTI	BTSĀFIRI	você (f) viaja
HUE	BISĀFIR	ele viaja
HIE	BTSĀFIR	ela viaja
NAḤNA	MNSĀFIR	nós viajamos
INTU	BTSĀFIRU	vocês viajam
HINNI	BISĀFIRU	eles/elas viajam

Como você já notou, para conjugar qualquer verbo comum no presente é só acrescentar nele os seguintes prefixos e sufixos:

PRONOME	PREFIXO – VERBO – SUFIXO	
ANA	B	
INTA	BT	
INTI	BT	I
HUE	BI	
HIE	BT	
NAḤNA	MN	
INTU	BT	U
HINNI	BI	U

Observação: Se precisar usar mais de um verbo na mesma oração, saiba que em árabe o segundo e demais verbos também devem ser conjugados de acordo com o sujeito, mas perdem a 1ª letra.

Exemplo:

Eu gosto de morar aqui.
ANA BḤOB ~~B~~ESKUN HAUN.

Então a regra para conjugar dois ou mais verbos é:

ANA	B		~~B~~	
INTA	BT		~~B~~T	
INTI	BT	I	~~B~~T	I
HUE	BI		~~B~~I	
HIE	BT		~~B~~T	
NAḤNA	MN		~~M~~N	
INTU	BT	U	~~B~~T	U
HINNI	BI	U	~~B~~I	U

Agora que você já sabe, pratique e memorize!

EXERCÍCIO 7

1) Conjugue o verbo AξMIL (fazer) no presente.

PRONOME	VERBO
ANA	
INTA	
INTI	
HUE	
HIE	
NAḤNA	
INTU	
HINNI	

2) Conjugue os verbos AξRIF (saber)/SU> (dirigir).

PRONOME	VERBO	VERBO
ANA		
INTA		
INTI		
HUE		
HIE		
NAḤNA		
INTU		
HINNI		

EXERCÍCIO 8

Traduza as seguintes frases para o árabe:

1) Eu aprendo árabe sozinho.

2) Você (m) canta muito bem!

3) Você (f) gosta de estudar conosco?

____

4) Ele compra roupas todos os meses.

____

5) Ela não sabe escrever bem árabe.

____

6) Nós preferimos ir de manhã.

____

7) Vocês ficam em casa no domingo?

____

8) Eles não vendem comida árabe.

____

EXERCÍCIO 9

Complete as frases a seguir com o(s) verbo(s) que está(ão) entre parênteses da maneira correta.

Exemplo:
HINNI BIECHRABU KTIR QAHUA. (*ECHRAB*)

1) UAIN IBNAK ______________ INGLIZI? (*EDRUS*)
2) AULADUN ______________ BUZA KTĪR! (*ḤOB - EKOL*)
3) AL ISTĀZ ______________ BAKKIR AL TANAIN. (*EJI*)
4) NAḤNA ______________ SAMIK KUL ĀKHIR AL CHA-HER (*ETSAIAD*)
5) CHU HIE ______________ HAUNIK? (*EḤTĀJ - ECHTERI*)
6) AIIA SEξA INTU ______________ AL AḤAD? (*FI>*)
7) UKHTI ______________ CARTŪN KUL LIAUM AL DOHER. (*CHUF*)
8) ANA MA ______________ AKTAR MIN MITAIN RIAL. (*FAKKIR - ESRIF*)
9) INTI ______________ MUSI>A BIL SAIĀRA? (*ESMAξ*)
10) KIF INTA ______________ ξAL CHOGHIL? (*RUḤ*)

Agora, confira suas respostas com as sugestões de respostas no final do livro. Depois, ouça a faixa 06 e repita em voz alta, mais de uma vez, até ficar fluente!

EXERCÍCIO 10

Dê respostas completas em árabe às seguintes perguntas:

1) CHU INTA BTECHRAB AL SOBEḤ? (O que você bebe de manhã)

2) AIIA SĀξA BTFI> AL TANAIN? (A que horas acorda na segunda?)

3) CHU INTA BTḤOB TEKOL BIL Shopping? (O que você gosta de comer no shopping?)

4) KHAIAK BIECHTEGHIL MAξAK? (Seu irmão trabalha com você?)

5) UAIN INTU BTECHTERU FAUĀKIH? (Onde vocês compram frutas?)

6) IMMAK BTAξRIF TEḤKI CHUAI ξARABI? (Sua mãe sabe falar um pouco de árabe?)

7) HINNI BIESRU>U ḤATTA BIL NHĀR?! (Eles roubam mesmo de dia?!)

8) INTA BTETξACHA ABL AL SĀξA SABξA? (Você janta antes das 7 horas?)

9) INTU BTESTAξMILU whatsapp BIL CHOGHIL? (Vocês usam whatsapp no trabalho?)

10) INTA BTZUR AHLAK KUL CHA-HER? (Você visita seus pais todos os meses?)

____

11) INTA BTFAKKIR TSĀFIR ξALA CHI BALAD ξARABI? (Você pensa em viajar para alguma cidade árabe?)

____

Agora, confira suas respostas com as sugestões de respostas no final do livro. Leia tudo em voz alta, mais de uma vez, até ficar fluente!

EXERCÍCIO 11

Elabore perguntas em árabe para as respostas abaixo. Ou seja, examine a resposta dada e imagine qual foi a pergunta, assim, você irá praticar sua habilidade em criar questões.

1) ______________________________
LA>, ANA MA BEḤKI INGLIZI. (Não, eu não falo inglês.)

2) ______________________________
Ê, ANA BETBOKH AKEL ξARABI (Sim, eu cozinho comida árabe.)

3) ______________________________
ANA BJIB KITABI U DAFTARI. (Eu trago meu livro e caderno.)

4) ______________________________
NAḤNA MNEDFAξ AL ḤISABĀT BIL Internet (Nós pagamos as contas na internet.)

5) ______________________________
NAḤNA MNCHUF FILEM AU MUSALSAL BIL LAIL. (Nós vemos um filme ou um seriado à noite.)

6) ______________________________
LA>, ANA MA BAξRIF! (Não, eu não sei!)

7) ______________________________

HINNI BIECHTEGHILU BIL MUSTACHFA. (Eles trabalham no hospital.)

8) ______________________________

CHUAI. (Um pouco.)

9) ______________________________

IAξNI. (Mais ou menos.)

10) ______________________________

ANA BERJAξ BAKKIR MIN HAUNIK. (Eu volto cedo de lá.)

Lição 5
Fale usando o tempo passado

Para formar orações no passado com verbos árabes comuns, é necessário primeiro transformar os verbos do formato "Raiz" em "Infinitivo".

Exemplos:

RAIZ	→	INFINITIVO
ESKUN	→	SAKANA (3 sílabas)
ḤOB	→	ḤABA (2 sílabas)
CHUF	→	CHĀFA (Longa Curta - LC)

Observação: É importante você entender que o verbo na forma "Raiz" é o ponto de partida para formar orações no presente, presente contínuo, futuro, imperativo e passado contínuo.

Analise os seguintes exemplos:

Verbo: ECHRAB (beber)

Presente: ANA BECHRAB QAHUA KUL LIAUM AL SOBEḤ. (Eu bebo café todos os dias de manhã.)

Presente contínuo: ANA ξM BECHRAB BAS MAI HALLA. (Estou bebendo só água agora.)

Futuro: ANA RĀḤ ECHRAB BIRA MAξUN LIAUM BIL LAIL. (Eu vou beber cerveja com eles hoje à noite.)

Imperativo: CHRAB CHUAI! (Beba um pouco!)

Passado contínuo: ANA KUNT ξM BECHRAB BIRA LAḤALI BIL MATξAM. (Eu estava bebendo cerveja sozinho no restaurante.)

Observação: Porém, para elaborar orações no passado, este formato, "ECHRAB" (beber), não pode ser utilizado. O passado é feito com o infinitivo do verbo:

ECHRAB → CHARABA (infinitivo)

ANA CHARABT FUNJANAIN QAHUA LIAUM AL SOBEḤ.
(Eu bebi duas xícaras de café hoje de manhã.)

Importante! No árabe coloquial há três formas de infinitivo:

1. Os de 3 sílabas.
   ELξAB → LAξABA (brincar/jogar)

2. Os de 2 sílabas simples.
   EḤKI → ḤAKA (falar)

3. Os de duas sílabas cuja a primeira é sempre longa, por isso o chamamos de longa curta (LC):
   CHĪL → CHĀLA

E por que é importante ter isso em mente? Porque cada categoria de verbos (3 sílabas, 2 sílabas e LC) será conjugada de maneira diferente. Estude os exemplos a seguir:

3 SÍLABAS

Conjugação no passado de TALFIN → TALFANA (telefonar)

ANA	TALFANT
INTA	TALFANT
INTI	TALFANTI
HUE	TALFAN
HIE	TALFANIT
NAḤNA	TALFANNA
INTU	TALFANTU
HINNI	TALFANU

2 SÍLABAS

Conjugação no passado de ECHTERI → CHTARA (comprar)

ANA	CHTARAIT
INTA	CHTARAIT
INTI	CHTARAITI
HUE	CHTARA
HIE	CHTARIT
NAḪNA	CHTARAINA
INTU	CHTARAITU
HINNI	CHTARU

LONGA CURTA (LC)

Conjugação no passado de CHĪL → CHĀLA (tirar)

ANA	CHILT	
INTA	CHILT	
INTI	CHILTI	
*HUE	CHĀL	(usa o infinitivo)
*HIE	CHĀLIT	(usa o infinitivo)
NAḪNA	CHILNA	
INTU	CHILTU	
*HINNI	CHĀLU	(usa o infinitivo)

Importante! Perceba que na conjugação dos verbos da categoria longacurta (LC), o infinitivo é utilizado apenas com os pronomes HUE, HIE, HINNI, ou seja, a forma "Raiz" é utilizada para conjugar o verbo no passado, menos com a 3ª pessoa do singular e do plural.

EXERCÍCIO 12

Conjugue os seguintes verbos no passado:

(Ficar) DAL → DALA (2 sílabas)

PRONOME	VERBO
ANA	
INTA	
INTI	
HUE	
HIE	
NAḤNA	
INTU	
HINNI	

(Escrever) EKTOB → KATABA (3 sílabas)

PRONOME	VERBO
ANA	
INTA	
INTI	
HUE	
HIE	
NAḤNA	
INTU	
HINNI	

(Dizer) >UL →>ĀLA (Longa curta – LC)

PRONOME	VERBO
ANA	
INTA	
INTI	
HUE	
HIE	
NAḤNA	
INTU	
HINNI	

EXERCÍCIO 13

Traduza as seguintes frases:

1) Eu fui embora cedo porque estava muito cansado.

____

2) Onde eles fizeram o casamento?

____

3) Ela não comprou o carro, ela não gostou da cor.

____

4) Você (f) cortou seu cabelo esta semana?

____

5) Nós pintamos nossa casa ano passado.

____

6) O que você (m) aprendeu lá?

____

7) Ele não trouxe o passaporte.

____

8) Vocês foram sozinhos ou ele foi também?

____

EXERCÍCIO 14

Complete as lacunas com o verbo no tempo passado da maneira correta:

1) MBĀRIḤ BIL LAIL NAḤNA ________________ FILEM KTĪR MNIḤ ξAN AL ḤARB. (*CHUF*)
2) UAIN UKHTAK ________________ INGLIZI? (*EDRUS*)
3) AL AULĀD ____________ U ____________ KTIR BIL ḤAFLE AL SABT AL MĀDI. (*EKOL – ECHRAB*)
4) INTU ________________ AL BAIT ABL AL ξĪD? (*NADDIF*)
5) ANA ________________ CHUAI CHA-HER AL MĀDI. (*ENSAḤ*)
6) ISTĀZNA ________________ KITĀB ξARABI JDID. (*EKTOB*)
7) LAICH INTI ________________ SAIĀRTIK? (*BIξ*)

8) AIIA SĒξA INTA ______________ MBĀRIḤ BIL LAIL? (*NĀM*)
9)HINNI ________________________ BAIT KBĪR ARIB MIN AL MASJID. (*ESTA>JIR*).
10) ANA MA ________________ AL CHUBBĀK LA>INU KAN KTĪR BARD. (*EFTAḤ*)

Agora, confira suas respostas com as sugestões de respostas no final do livro. Depois, ouça a faixa 07 e repita em voz alta, mais de uma vez, até ficar fluente!

EXERCÍCIO 15

Elabore perguntas em árabe para as respostas abaixo. Ou seja, examine a resposta dada e imagine qual foi a pergunta, assim, você irá praticar sua habilidade em criar questões.

1) ____?
Ê, ANA CHTARAIT AL KITĀB CHA-HER AL MĀDI. (Sim, eu comprei o livro mês passado.)
2) ____?
LA>, ANA MA ḤAKAIT MAξU MBĀRIḤ, HUE MA KAN BIL MAKTAB. (Não, eu não falei com ele ontem, ele não estava no escritório.)
3) ____?
NAḤNA TABAKHNA MJADDARA MBĀRIḤ. (Nós cozinhamos arroz com lentilha ontem.)
4) ____?
HINNI TALABU Pizza U BATATA ME>LII. (Eles pediram pizza e batatas fritas.)
5) ____?
Nasser DAHAN AL BAIT. (Nasser pintou a casa.)
6) ____?
HINNI ξĀCHU HAUNIK 25 SENI. (Eles viveram lá 25 anos.)
7) ____?
HIE MĀTIT MIN 15 SENI. (Ela morreu há 15 anos.)

8) ____?
ANA MA ξAZAMT KTĪR NĀS LA>INU MA KAN BADDI ESRIF KTĪR.
(Eu não convidei muitas pessoas porque não quis gastar muito.)

9) ____?
LA>, HINNI TJAUAZU BI LUBNĀN. (Não, eles casaram-se no Líbano.)

10) ____?
NAḤNA RUḤNA MACHI LA>INU ARĪB MIN AL BAIT.
(Nós fomos a pé, porque é perto de casa.)

EXERCÍCIO 16

Dê respostas completas em árabe às seguintes perguntas:

1) AIIA SĒξA INTA FI>T LIAUM? (A que horas você acordou hoje?)

____

2) INTU TGHADDAITU BIL BAIT MBĀRIḤ? (Vocês almoçaram em casa ontem?)

____

3) UAIN HINNI LAξABU FUTBOL? (Onde eles jogaram futebol?)

____

4) AMTI INTA BALLACHT TEDRUS ξARABI? (Quando você começou a estudar árabe?)

____

5) HUE ξTARAF BIL JARIME? (Ele confessou o crime?)

____

6) UAIN INTU ξAMMARTU AL BAIT? (Onde vocês construíram a casa?)

____

7) LAICH HIE TARAKIT AL JĀMξA? (Por que ela largou a faculdade?)

____

8) INTU STANNAITU KTIR? (Vocês esperaram muito?)

____

9) DHU>T AL AKEL? ḤABBAIT? (Experimentou a comida? Gostou?)

10) UAIN JARAḤT ḤĀLAK? (Onde você se machucou?)

Agora, confira suas respostas com as sugestões de respostas no final do livro. Leia tudo em voz alta, mais de uma vez, até ficar fluente!

Lição 6
Fale usando o tempo futuro

Para se expressar no tempo futuro em árabe, usa-se a seguinte estrutura:

RĀḤ + verbo (conjugado, sem a 1ª letra)

Ou seja, usa-se RĀḤ como auxiliar (vou, vai, vamos, vão) e o verbo principal, que deve ser conjugado de acordo com o sujeito, porém sem a primeira letra dessa conjugação.

Exemplos:
Ele vai viajar mês que vem.
HUE RĀḤ ~~B~~ISĀFIR CHA-HER AL JEII.

Nós vamos vender o carro.
NAḤNA RĀḤ ~~M~~NBĪξ AL SAIĀRA.

O padrão no uso de dois ou mais verbos numa mesma oração tem uma regra geral: sempre que houver dois ou mais verbos na sequência em uma oração é necessário conjugar todos e, em seguida, eliminar a primeira letra do segundo, terceiro e demais verbos.

Exemplos:
Ela gosta de ouvir música árabe.
HIE BTḤOB ~~B~~TESMAξ MUSI>A ξARABIA.

Eles preferem ir de carro.
HINNI BIFADDILU ~~B~~IRUḤU BIL SAIĀRA.

E como RĀḤ é um verbo (auxiliar, mas ainda assim um verbo), os que vierem após ele devem seguir a mesma regra.

Então a conjugação de um verbo comum no tempo futuro fica assim:

Pronome	Verbo auxiliar	Verbo
ANA	RĀḪ	~~B~~ECHTERI (Eu vou comprar)
INTA	RĀḪ	~~B~~TECHTERI (Você (m) vai comprar)
INTI	RĀḪ	~~B~~TECHTERI (Você (f) vai comprar)
HUE	RĀḪ	~~B~~IECHTERI (Ele vai comprar)
HIE	RĀḪ	~~B~~TECHTERI (Ela vai comprar)
NAḪNA	RĀḪ	~~M~~NECHTERI (Nós vamos comprar)
INTU	RĀḪ	~~B~~TECHTERU (Vocês vão comprar)
HINNI	RĀḪ	~~B~~IECHTERU (Eles vão comprar)

ANA	RĀḪ	verbo
INTA	RĀḪ	T verbo
INTI	RĀḪ	T verbo I
HUE	RĀḪ	I verbo
HIE	RĀḪ	T verbo
NAḪNA	RĀḪ	N verbo
INTU	RĀḪ	T verbo U
HINNI	RĀḪ	I verbo U

EXERCÍCIO 17

Conjugue os seguintes verbos no futuro:

EKTOB (Escrever)
ANA ____________________
INTA ____________________
INTI ____________________
HUE ____________________
HIE ____________________
NAḪNA ____________________
INTU ____________________
HINNI ____________________

FAKKIR (Pensar)
ANA ______
INTA ______
INTI ______
HUE ______
HIE ______
NAḤNA ______
INTU ______
HINNI ______

EXERCÍCIO 18

Traduza as seguintes frases para o árabe:

1) Você (m) vai falar com eles amanhã?

______

2) Eu vou cozinhar no domingo que vem.

______

3) Ela não vai embora cedo.

______

4) Nós vamos alugar uma casa nova lá.

______

5) Ele não vai fazer nada à noite.

______

6) Vocês vão usar o livro amanhã?

______

7) Você (f) vai acordar mais cedo na sexta?

______

8) Eles vão ficar em nossa casa semana que vem.

______

EXERCÍCIO 19

Complete as frases com o(s) verbo(s) que está(ão) entre parênteses de maneira a obter frases no tempo futuro.

Exemplo:
UKHTI RĀḤ TJIB AL MACHRUB. (*JIB*)

1) AIIA SEξA INTA ________________? (*EJI*)
2) AL ISTAZ ________________ BIL MADRASI AL SABT AL JEII KAMMAN. (*ξALLIM*)
3) CHU INTU ________________ ILA AL MUDĪR? (>*UL*)
4) UAIN NAḤNA ________________ LIAUM? (*ETξACHA*)
5) ANA MA ________________ LIAUM. (*KHALLIS*)
6) AMTI HINNI ________________? (*SĀFIR*)
7) LAICH INTI ________________ LAḤALIK? (*RUHı*)
8) Mariam ________________ AL UDA BUKRA AL SOBEḤ. (*NADDIF*)
9) KAM LIAUM INTU ________________ HAUNIK? (*DAL*)
10) ANA U Mohamad ________________ Futbol MAξUN AL SABT AL MASA. (*ELξAB*)

Agora, confira suas respostas com as sugestões de respostas no final do livro. Depois, ouça a faixa 08 e repita em voz alta, mais de uma vez, até ficar fluente!

EXERCÍCIO 20

Dê respostas completas em árabe às seguintes perguntas:

1) INTA RĀḤ TUASSI ξALA KITĀB JDĪD? (Você vai encomendar um livro novo?)

____

2) AIIA SEξA INTA RĀḤ TBALLISH AL CHOGHIL? (A que horas você vai começar o trabalho?)

____

3) AMTI INTU RĀḤ TSAFIRU LA HAUNĪK? (Quando vocês vão viajar para lá?)

---

4) INTU RĀḤ TξAMMIRU BAIT JDĪD? (Vocês vão construir uma casa nova?)

---

5) INTA RĀḤ TCHUF AL FILEM LIAUM BIL LAIL? (Você vai ver o filme hoje à noite?)

---

6) AIIA SĒξA HUE RĀḤ IERJAξ? (A que horas ele vai voltar?)

---

7) KAM LIAUM INTA RĀḤ TDAL HAUNIK? (Quantos dias você vai ficar lá?)

---

8) UAIN INTA RĀḤ TEDFAξ AL ḤISĀB? (Onde você vai pagar a conta?)

---

9) KAM CHAKHS INTA RĀḤ TEξZIM? (Quantas pessoas você vai convidar?)

---

10) HIE RĀḤ TITJAUAZ HEDA AL SENI? (Ela vai se casar este ano?)

Agora, confira suas respostas com as sugestões de respostas no final do livro. Leia tudo em voz alta, mais de uma vez, até ficar fluente!

EXERCÍCIO 21

Elabore perguntas em árabe para as seguintes respostas. Ou seja, examine a resposta dada e imagine qual foi a pergunta, assim, você irá praticar sua habilidade em criar questões.

1) ______________________________

Ê, ANA RĀḤ SĀFIR MAξUN BUKRA. (Sim, eu vou viajar com eles amanhã.)

2) ______________________________

LA>, ANA MA RĀḤ BALLISH AL TANAIN. (Não, eu não vou começar na segunda.)

3) ______________________________

ANA RĀḤ CHUFU ĀKHIR AL CHA-HER. (Eu vou vê-lo no fim do mês.)

4) ______________________________

HINNI RĀḤ IEFTAḤU AL MATξAM BIL Shopping Morumbi. (Eles vão abrir o restaurante no shopping Morumbi.)

5) ______________________________

LA>, BAξD CHUAI. (Não, daqui a pouco.)

6) ______________________________

IEMKIN (Talvez.)

7) ______________________________

MA BAξRIF! (Não sei!)

8) ______________________________

TLETE. (Três.)

9) ______________________________

AL AḤAD BAξD AL GHADA. (No domingo, depois do almoço.)

10) ______________________________

Ê, BAS CHUAI. (Sim, só um pouco.)

Lição 7
Fale usando o gerúndio (presente/passado/futuro)

Nesta lição você vai praticar a falar em árabe nos tempos presente, passado e futuro contínuo, ou seja, a dizer por exemplo:

"Eu estou estudando agora."
"Ontem à noite, eu estava assistindo a um filme árabe."
"Eles vão estar trabalhando no sábado de manhã."

Vamos começar com

PRESENTE CONTÍNUO

Como você já deve saber, os verbos "ser" e "estar" no presente não existem em árabe. Então como dizer "Eu estou estudando"? O que vai indicar a continuidade do verbo é o gerúndio, que em árabe é "ξM". Porém diferente do português ou inglês, em que o gerúndio aparece no final do verbo (trabalhando/working), em árabe, ele aparece no começo do verbo, "trabalhando" é ξM BECHTEGHIL (na 1ª pessoa).

Veja como fica a conjugação do verbo ECHRAB (beber) no presente contínuo:

PRONOME	VERBO	VERBO
ANA	ξM BECHRAB	(eu estou bebendo)
INTA	ξM BTECHRAB	(você (m) está bebendo)
INTI	ξM BTECHRABI	(você (f) está bebendo)
HUE	ξM BIECHRAB	(ele está bebendo)
HIE	ξM BTECHRAB	(ela está bebendo)
NAḤNA	ξM MNECHRAB	(nós estamos bebendo)
INTU	ξM BTECHRABU	(vocês estão bebendo)
HINNI	ξM BIECHRABU	(eles/elas estão bebendo)

Lembrando! "ƹM" é o gerúndio, equivalente a "endo/indo/ando" em português, ou seja, não é um verbo, portanto não derruba a primeira letra do próximo verbo.

PASSADO CONTÍNUO

A fórmula para compor o tempo passado contínuo em árabe é a mesma que o compõe em português:

Sujeito + verbo "estar" (no passado) + verbo + gerúndio.

Exemplo:
Eu **estava** assistindo a um filme árabe.
ANA **KUNT** ƹM BEḤDAR FILEM ƹARABI.

Então, a conjugação do verbo "ver" no passado contínuo fica assim:

PRONOME	VERBO "ESTAR"	VERBO NO GERÚNDIO	
ANA	KUNT	ƹM BCHUF	(eu estava vendo)
INTA	KUNT	ƹM BTCHUF	(você (m) estava vendo)
INTI	KUNTI	ƹM BTCHUFI	(você (f) estava vendo)
HUE	KĀN	ƹM BICHUF	(ele estava vendo)
HIE	KĀNET	ƹM BTCHUF	(ela estava vendo)
NAḤNA	KUNNA	ƹM MNCHUF	(nós estávamos vendo)
INTU	KUNTU	ƹM BTCHUFU	(vocês estavam vendo)
HINNI	KĀNU	ƹM BICHUFU	(eles/elas estavam vendo)

FUTURO CONTÍNUO

Para construir o futuro contínuo em árabe são necessários o verbo "estar" no futuro mais o verbo principal no gerúndio.

Exemplo:
Eu **vou estar** trabalhando no sábado à tarde.
ANA **RĀḤ KUN** ξM BECHTEGHIL AL SABT AL DOHER.

Então, a conjugação do verbo ECHTEGHIL (trabalhar) no tempo futuro contínuo fica assim:

ANA	RĀḤ	KUN	ξM BECHTEGHIL
INTA	RĀḤ	TKUN	ξM BTECHTEGHIL
INTI	RĀḤ	TKUNI	ξM BTECHTEGHILI
HUE	RĀḤ	IKUN	ξM BIECHTEGHIL
HIE	RĀḤ	TKUN	ξM BTECHTEGHIL
NAḤNA	RĀḤ	NKUN	ξM MNECHTEGHIL
INTU	RĀḤ	TKUNU	ξM BTECHTEGHILU
HINNI	RĀḤ	IKUNU	ξM BIECHTEGHILU

EXERCÍCIO 22

Traduza as seguintes frases para o árabe:

1) Eu estava dirigindo quando ela telefonou.

____

2) O que você (m) está fazendo agora?

____

3) Ele vai estar estudando no Líbano ano que vem.

____

4) Nós não estamos ganhando nada.

____

5) Vocês estavam falando com o professor ontem de manhã?

____

6) Você (f) vai estar escrevendo bem no fim do ano.

____

7) Ela não estava ouvindo a conversa.

____

8) Eles estão jantando agora, depois falamos com eles.

____

EXERCÍCIO 23

Complete corretamente as frases abaixo com as estruturas presente, passado ou futuro contínuo.

Exemplo:
HINNI KANU ξM BISĀξIDU AL AULĀD BIL MADRASI AL TANAIN AL MĀDI. (*SĀξID*)

1) CHU INTU ______________ HALLA, RADIO AU CD? (*ESMAξ*)
2) HUE ______________ IMMU BIL URDUN. (*ZUR*)
3) NAḪNA ______________ HAUNIK AL USBUξ AL JEII. (*ξALLIM*)
4) ANA MA ______________ CHI! (*>UL*)
5) HUE ______________ BINEII ARIB MIN AL BALADIIE. (*ξAMMIR*)
6) CHU HIE ______________? MAξKARUNI AU LAZANHA? (*ETBOKH*)
7) AIIA SĒξA INTI ______________ AL IJTIMĀξ? (*AξMIL*)
8) INTA ______________ AL BĀS AU AL TAXI? (*ESTANNA*)
9) ANA ______________ MASARI MIN AL BANEK LAMMA BALLACHIT TCHATTI. (*CHIL*)
10) MIN ______________ HAUNIK AL SĒξA TESξA? (*EḪKI*)

Agora, confira suas respostas com as sugestões de respostas no final do livro. Depois, ouça a faixa 09 e repita em voz alta, mais de uma vez, até ficar fluente!

EXERCÍCIO 24

Dê respostas completas em árabe às seguintes perguntas:

1) CHU INTA KUNT ƐM BTAƐMIL MBĀRIḤ BIL LAIL?
(O que você estava fazendo ontem à noite?)

---

2) INTA ƐM BTECHRAB CHI HALLA? (Você está bebendo algo agora?)

---

3) AL SABT AL SĒƐA ƐACHARA, INTA RAḤ TKUN ƐM BTECHTEGHIL?
(Sábado às 10h, você vai estar trabalhando?)

---

4) CHU HIE KANĒT ƐM BTETBOKH? (O que ela estava cozinhando?)

---

5) BAIAK RAḤ IKUN ƐM BIZURAK USBUƐ AL JEII?
(Seu pai vai estar visitando você semana que vem?)

---

6) HINNI ƐM BIECHTERU BAIT HAUN AU BI LUBNĀN?
(Eles estão comprando uma casa aqui ou no Líbano?)

---

7) ƐAN CHU INTU KUNTU ƐM BTETḤADATHU? (Sobre o que vocês estavam conversando?)

---

8) BI CHU ƐM BTFAKKIR? (No que está pensando?)

---

9) ISTĀZAK KAN ƐM BIƐALLIM AL JUMƐA AL MĀDI?
(Seu professor estava ensinando semana passada?)

---

10) LAICH HIE KANET ƐM BTEBKI? (Por que ela estava chorando?)

Agora, confira suas respostas com as sugestões de respostas no final do livro. Leia tudo em voz alta, mais de uma vez, até ficar fluente!

EXERCÍCIO 25

Elabore perguntas em árabe para as respostas abaixo. Ou seja, examine a resposta dada e imagine qual foi a pergunta, assim, você irá praticar sua habilidade em criar questões.

1) ____

ANA ξM BEKOL BAS LAḤEM U KHOBEZ. (Eu estou comendo só carne e pão.)

2) ____

ANA KUNT ξM BECHTERI ḤALĪB HAUNIK. (Eu estava comprando leite lá.)

3) ____

NAḤNA KUNNA ξM MNESTAξMIL AL Facebook. (Nós estávamos usando o Facebook.)

4) ____

NAḤNA RĀḤ NKUN ξM MNETξACHA BIL BAITUN.
(Nós vamos estar jantando na casa dela.)

5) ____

Ê, HIE ξM BTSUM KAMĀN. (Sim, ela está jejuando também.)

Lição 8

Fale usando o tempo pretérito imperfeito

Uma maneira simples de explicar o pretérito imperfeito é dizer que ele é usado para expressar ações que aconteciam no passado, era habitual, mas não mais.

Exemplos:
Eu trabalhava no sábado de manhã. (Não trabalho mais)
Eles moravam na casa da esquina. (Não moram mais)

Portanto, diferentemente do pretérito simples (o passado simples) em que expressamos algo que aconteceu e terminou lá no passado, o pretérito imperfeito é para expressar algo que "acontecia" mas não mais hoje em dia.

Enquanto em português formulamos o pretérito imperfeito acrescentando os sufixos "-ia" (comia, fazia etc.) ou "-ava" (morava, estudava etc.), em árabe, o pretérito imperfeito é feito com o verbo ser/estar no passado junto ao verbo principal conjugado, mas sem a 1ª letra.

Exemplos:
ANA KUNT EDRUS – Eu estudava.
HIE KANET TECHTEGHIL – Ela trabalhava.
HINNI KĀNU IESTAξMILU – Eles usavam.

Atenção! Cuidado com a formulação, pois ela é muito parecida com o passado contínuo:

ANA KUNT ξM BE>RA – Eu estava lendo.
ANA KUNT E>RA – Eu lia.

Enquanto o passado contínuo precisa do gerúndio (ξM) e o verbo conjugado preserva a 1ª letra:

ANA KUNT ƐM BECHRAB.
Eu estava bebe**ndo**.

O pretérito imperfeito elimina a 1ª letra do verbo conjugado:

ANA KUNT ~~B~~ECHRAB.
Eu bebia.

Veja como fica a conjugação do verbo ECHRAB (beber) no pretérito imperfeito:

PRONOME	VERBO "ESTAR"	VERBO	
ANA	KUNT	ECHRAB	(eu bebia)
INTA	KUNT	TECHRAB	(você (m) bebia)
INTI	KUNTI	TECHRABI	(você (f) bebia)
HUE	KĀN	IECHRAB	(ele bebia)
HIE	KĀNET	TECHRAB	(ela bebia)
NAḤNA	KUNNA	NECHRAB	(nós bebíamos)
INTU	KUNTU	TECHRABU	(vocês bebiam)
HINNI	KĀNU	IECHRABU	(eles/elas bebiam)

EXERCÍCIO 26

Conjugue, nas lacunas, o verbo FAKKIR (pensar) no tempo pretérito imperfeito.

ANA ______________________________ (eu pensava)
INTA ____________________________ (você (m) pensava)
INTI _____________________________ (você (f) pensava)
HUE ______________________________ (ele pensava)
HIE ______________________________ (ela pensava)
NAḤNA ___________________________ (nós pensávamos)
INTU ____________________________ (vocês pensavam)
HINNI ___________________________ (eles/elas pensavam)

EXERCÍCIO 27

Traduza as seguintes frases para o árabe:

1) Eu vestia calça jeans todos os dias.

2) Você (m) penteava o cabelo no meio.

3) Você (f) viajava todos os meses?

4) Ele ouvia tudo atrás da porta.

5) Ela não falava bem inglês.

6) Vocês dormiam muito tarde.

7) Nós não comíamos salada à noite.

8) Eles vendiam doces árabes.

EXERCÍCIO 28

Complete as lacunas com os verbos (nos parênteses) conjugados no pretérito imperfeito:

1) HINNI ______________ KUL LIAUM AL MASA. (*EMCHI*)
2) UAIN INTU ______________? (*ESKUN*)
3) HIE ______________ KTĪR BIL LAIL. (*EBKI*)
4) AIIA SĒξA INTI ______________ ξARABI? (*EDRUS*)
5) HIE MA ______________ LAḨALA. (*SU>*)
6) ANA ______________ SAIĀRTI UDDAM AL MAḨAL. (*KHALLI*)
7) HUE ______________ AULĀDU ξAL MADRASE KUL LIAUM. (*EKHOD*)

8) UAIN INTA ______________________ ABL AL ḤĀDITH? (*ECHTEGHIL*)
9) NAḤNA ______________________ UDDĀM AL BAIT MARTAIN BIL LIAUM. (*KANNIS*)
10) ANA ______________________ JUDDI KUL AḤAD. (*ZŪR*)

Agora, confira suas respostas com as sugestões de respostas no final do livro. Depois, ouça a faixa 10 e repita em voz alta, mais de uma vez, até ficar fluente!

EXERCÍCIO 29

Dê respostas completas em árabe às seguintes perguntas:

1) INTA KUNT TESKUN ARĪB MIN AL MADRASE? (Você morava perto da escola?)

____

2) UAIN INTA KUNT TEDRUS LAMMA KAN ξOMRAK 12 SENI?
(Onde você estudava quando tinha 12 anos?)

____

3) BAIAK KAN IECHTEGHIL AL SABT KAMĀN? (Teu pai trabalhava no sábado também?)

____

4) IMMAK KĀNET TETBOKH KUL LIAUM? (Sua mãe cozinhava todos os dias?)

____

5) AIIA CARTŪN INTA KUNT TḤOB TCHUF BIL TALFAZION? (Qual desenho você gostava de ver na TV?).

____

6) INTU KUNTU TECHUU LAḤEM AL AḤAD? (Vocês assavam carne no domingo?).

____

7) CHU INTA KUNT TERBAḪ BI ξĪD AL FOSEḪ? (O que você ganhava na Páscoa?).

___

8) INTA KUNT TRUḪ ξAL BANEK KUL USBUξ? (Você ia ao banco todas as semanas?).

___

Agora, confira suas respostas com as sugestões de respostas no final do livro. Leia tudo em voz alta, mais de uma vez, até ficar fluente!

EXERCÍCIO 30

Elabore perguntas em árabe para as respostas abaixo. Ou seja, examine a resposta dada e imagine qual foi a pergunta, assim, você irá praticar sua habilidade em criar questões.

1) ______________________________

Ê, ANA KUNT EKHOD SANDUICH ξAL MADRASE.
(Sim, eu levava um sanduíche para a escola.)

2) ______________________________

LA>, ANA MA KUNT ES>AL KTIR. (Não, eu não perguntava muito.)

3) ______________________________

SETTI KĀNET TAξMIL KHOBEZ ξARABI. (Minha avó fazia pão árabe.)

4) ______________________________

HINNI KANU IDĀLU BI BAIT Mohamad. (Eles ficavam n casa do Mohamad.)

5) ______________________________

HUE KAN IEJI ABL AL ξACHA, DĀ>IMAN! (Ele vinha antes do jantar, sempre!)

Lição 9
Fale usando os verbos especiais (presente/passado/futuro)

Para um melhor entendimento e assimilação, chamamos de verbos especiais aqueles que não são conjugados como os verbos comuns (com os prefixos B, BT, BI, MN etc.: os ANA BEKOL, INTA BTECHRAB etc.).

Nesta lição você vai praticar a falar e entender árabe com cinco verbos especiais que têm maneiras diferentes de se conjugar. Apenas um deles não tem declinação alguma, é igual com todos os pronomes.

Estes cinco verbos são:

1) **BADD** – querer
2) **ξEND** – ter/possuir
3) **LĀZIM** – ter que/dever (fazer algo)
4) **FIN** – poder/conseguir
5) **FI** – há (de haver/existir)

Vamos primeiro às conjugações:

BADD (querer)

ANA	BADDI	(eu quero)
INTA	BADDAK	(você (m) quer)
INTI	BADDIK	(você (f) quer)
HUE	BADDU	(ele quer)
HIE	BADDA	(ela quer)
NAḤNA	BADDNA	(nós queremos)
INTU	BADDKUN	(vocês querem)
HINNI	BADDUN	(eles/elas querem)

ξEND (ter/possuir)

ANA	ξENDI	(eu tenho)
INTA	ξENDAK	(você (m) tem)
INTI	ξENDIK	(você (f) tem)
HUE	ξENDU	(ele tem)
HIE	ξENDA	(ela tem)
NAḤNA	ξENDNA	(nós temos)
INTU	ξENDKUN	(vocês têm)
HINNI	ξENDUN	(eles/elas têm)

LĀZIM (**ter que** – para expressar obrigação)

Uma boa notícia! LĀZIM não se altera, não tem conjugações, ou seja, é igual com todos os pronomes.

<table>
<tr><td>ANA</td><td rowspan="8">LĀZIM</td></tr>
<tr><td>INTA</td></tr>
<tr><td>INTI</td></tr>
<tr><td>HUE</td></tr>
<tr><td>HIE</td></tr>
<tr><td>NAḤNA</td></tr>
<tr><td>INTU</td></tr>
<tr><td>HINNI</td></tr>
</table>

Atenção! Não confunda ξEND com LĀZIM! O primeiro é para dizer que alguém/algo tem/possui algo, já o segundo é para expressar que alguém/algo "tem que" fazer algo.

Estude os seguintes exemplos:

1) Eu tenho um carro novo.
ANA ξENDI SAIĀRA JDIDI.

2) Eu tenho que acordar cedo no sábado.
ANA LĀZIM FI> BAKKIR AL SABT.

3) Eles têm três filhos.
HINNI ξENDUN TLET AULĀD

4) Eles têm que beber mais água.
HINNI LĀZIM IECHRABU AKTAR MAI!

FIN (poder/conseguir)

ANA	FINI
INTA	FIK
INTI	FIKI
HUE	FIH
HIE	FIHA
NAḪNA	FINA
INTU	FIKUN
HINNI	FIHUN

FI – Há (do verbo haver)

Este também não se conjuga, até porque não tem sujeito. É utilizado, como na língua portuguesa, para dizer que ali "há" ou "não há" algo ou alguém.

Exemplos:

1) Há uma farmácia perto da minha casa.
FI SAIDALIIE ARIB MIN BAITI.

2) Há muitas pessoas na igreja.
FI KTĪR NĀS BIL KNISI

Perceba que, como em português, "há" pode ser usado com substantivos contáveis e incontáveis, no singular e plural.

3) Há um pouco de café no bule.
FI CHUAIT AHUI BIL RAKUI.

4) Há quinze alunos na sala.
FI KHAMSTAξCHAR TILMIZ BIL SAF.

5) Não há problema!
MA FI MUCHKLI!

Muito importante! Alunos brasileiros, falantes do português portanto, tendem a confundir "tem" (possuir), "tem que" (obrigação – fazer algo) e "tem" (no sentido de há), por isso fique atento! Estude com atenção os seguintes exemplos:

1) Ele tem muito dinheiro. (Ele possui.)
HUE ξENDU KTĪR MASĀRI.

2) Ele tem que levar o passaporte. (É uma exigência! Obrigação! Algo que deve ser feito.)
HUE LĀZIM IEKHOD AL JAUĀZ.

3) Tem um carro na frente do portão. (Nesse caso, perceba que "tem" pode ser substituído por "há" sem mudar o sentido da frase.)
FI SAIĀRA UDDĀM AL BAUĀBI.

TEMPO PASSADO DOS VERBOS ESPECIAIS

Para formar o passado, de qualquer um dos verbos especiais, basta inserir a palavra "KĀN" antes do verbo, que por sua vez deve ser conjugado de acordo com o sujeito.

Exemplos:

1) Eu tinha uma loja de roupas.
ANA KĀN ξENDI MAḤAL TIĀB.

2) Ele quis mais dinheiro.
HUE KĀN BADDU AKTAR MASĀRI.

3) Ela tinha que ir lá ontem.
HIE KĀN LĀZIM TRUḤ LA HAUNIK MBĀRIḤ.

4) Tinha (havia) um livro no chão.
KĀN FI KITĀB ξAL ARD.

Reforçando então, a regra é a seguinte:

KĀN	BADD...	(conjugado)
	ξEND...	(conjugado)
	FIN...	(conjugado)
	LĀZIM	(não tem conjugação)
	FI	(não tem conjugação)

TEMPO FUTURO DOS VERBOS ESPECIAIS:

Similar à regra para formular o passado, o futuro dos verbos especiais também é feito com o acréscimo de palavras na frente deles, para indicar que ainda acontecerão.

Para usar os verbos especiais no futuro, coloque RĀḤ IKUN antes deles:

Exemplos:

1) Ele vai ter que pagar tudo.
HUE RĀḤ IKUN LĀZIM IEDFAξ KUL CHI.

2) Haverá comida e bebidas na festa.
RĀḤ IKUN FI AKEL U MACHRUB BIL ḤAFLE.

EXERCÍCIO 31

Traduza para o árabe e escreva as seguintes conjugações:

1) Eu vou querer: ______________________________
2) Ele tinha: ______________________________
3) Nós podemos: ______________________________
4) Haverá: ______________________________
5) Você (m) tem que:______________________________
6) Vocês têm: ______________________________
7) Havia: ______________________________
8) Eu posso: ______________________________
9) Ela quis (queria): ______________________________
10) Você (f) vai poder: ______________________________

EXERCÍCIO 32

Traduza e escreva as seguintes frases para o árabe:

1) Minha irmã tem um cabelo longo.

____

2) Eles tinham um açougue perto da mesquita.

____

3) O professor terá muitos problemas com eles.

____

4) Meus pais não querem viajar este ano.

____

5) Onde ela quis ir sábado passado?

____

6) Eu vou querer só água, obrigado.

____

7) Você (f) pode ir comigo?

____

8) A mãe dela não pôde viajar mês passado.

____

9) Vocês vão poder brincar na piscina amanhã.

10) Eu tenho que ir embora agora!

11) O que ela tinha que fazer?

12) Nós vamos ter que falar com o gerente!

13) O que tem em baixo da mesa?

14) Haverá aula próxima sexta, você (m) poderá ir?

15) Tinha mais de mil pessoas lá!

16) O que tinha na bolsa dela?

17) Eu não posso viajar, não tenho visto.

18) Meu avô tinha um fusca velho.

19) Nós podemos, mas não queremos.

20) Havia uma árvore muito bonita atrás da nossa casa.

EXERCÍCIO 33

Dê respostas completas em árabe às seguintes perguntas:

1) INTA ξENDAK UKHUI? (Você tem irmãos?)

2) INTA BADDAK TECHRAB AHUI AU CHAI? (Você quer beber café ou chá?)

3) INTA FIK TRUḤ ξA CHOGHLAK MÁCHI? (Você pode ir ao seu trabalho a pé?)

4) INTA LĀZIM TFI> BAKKIR KUL LIAUM? (Você tem que acordar cedo todos os dias?)

5) FI SĀḤA ARIB MIN BAITAK?(Há uma praça perto da sua casa?)

6) CHU KĀN BADDKUN TEKOLU MBĀRIḤ BIL LAIL? (O que vocês queriam comer ontem à noite?)

7) BAIAK KAN ξENDU LEḤIE KBIRI? (Seu pai tinha uma barba grande?)

8) LA UAIN KĀN LĀZIM TRUḤ USBUξ AL MĀDI? (Para onde você tinha que ir semana passada?)

9) RAḤ IKUN FI ξOTLI CHA-HER AL JEII? (Haverá feriado mês que vem?)

10) INTA RĀḤ IKUN LĀZIM TECHTEGHIL BUKRA BIL LAIL? (Você vai ter que trabalhar amanhã à noite?)

Agora, confira suas respostas com as sugestões de respostas no final do livro.Depois, ouça a faixa 11 e simule uma conversa com alguém que faz as perguntas e você as responde. Pratique, ora com o livro aberto, ora fechado.Mais de uma vez. Até ficar fluente!

Lição 10

Fale usando os verbos "ser" e "estar" (presente/passado/futuro)

Nesta lição você vai praticar a falar e entender árabe com o verbo "ser" e "estar" nos tempos presente, passado e futuro. Vamos então primeiro às conjugações. Como você já deve saber, o verbo "ser" e "estar" no presente não existe em árabe, ou seja, para falar "Eu estou cansado" e "Eles são casados" na verdade se diz "Eu cansado" e "Eles casados". Veja os exemplos:

1) Eu estou cansado.
ANA TAƐBĀN.

2) Eles são casados.
HINNI MITJAUIZĪN.

3) Você (m) está em casa agora?
INTA BIL BAIT HALLA?

Já no tempo passado, há a conjugação desses verbos, "ser" e "estar", é assim:

PRONOME	VERBO	
ANA	KUNT	(eu era/estava)
INTA	KUNT	(você (m) era/estava)
INTI	KUNTI	(você (f) era estava)
HUE	KĀN	(ele era/estava)
HIE	KĀNET	(ela era/estava)
NAḤNA	KUNNA	(nós éramos/estávamos)
INTU	KUNTU	(vocês eram/estavam)
HINNI	KĀNU	(eles/elas eram/estavam)

No tempo futuro, é parecido com o futuro coloquial em português: “Eu vou estar”, “Ela vai estar” etc. Usa-se em árabe o auxiliar RĀḤ (vou, vai, vão etc.) que é igual com todos os pronomes.

PRONOME	VERBO AUXILIAR	VERBO	
ANA	RĀḤ	KUN	(eu vou estar)
INTA	RĀḤ	TKUN	(você (m) vai estar)
INTI	RĀḤ	TKUNI	(você (f) vai estar)
HUE	RĀḤ	IKUN	(ele vai estar)
HIE	RĀḤ	TKUN	(ela vai estar)
NAḤNA	RĀḤ	NKUN	(nós vamos estar)
INTU	RĀḤ	TKUNU	(vocês vão estar)
HINNI	RĀḤ	IKUNU	(eles/elas vão estar)

Importante! No árabe coloquial muitas vezes para dizer “Eu vou ser”, “Ele vai ser”, “Nós vamos ser” etc., prefere-se a composição “RĀḤ SĪR” ao invés de “RĀḤ KUN”. Então:

PRONOME	VERBO AUXILIAR	VERBO	
ANA	RĀḤ	SĪR	(eu vou ser)
INTA	RĀḤ	TSĪR	(você (m) vai ser)
INTI	RĀḤ	TSĪRI	(você (f) vai ser)
HUE	RĀḤ	ISĪR	(ele vai ser)
HIE	RĀḤ	TSĪR	(ela vai ser)
NAḤNA	RĀḤ	NSĪR	(nós vamos ser)
INTU	RĀḤ	TSĪRU	(vocês vão ser)
HINNI	RĀḤ	ISĪRU	(eles/elas vão ser)

Então para dizer:
Ele vai estar no aeroporto amanhã.
HUE RĀḤ IKUN BIL MATĀR BUKRA.

Ele vai ser governador do estado.
HUE RĀḤ ISĪR ḤĀKIM AL UILEII.

Conclusão! Os verbos "ser" e "estar" no presente não existe, no passado é um só, e no futuro tem duas formas.

Atenção! Para formar frases negativas, a regra, em todos os casos na língua árabe, é feita com o uso de "MA". A única exceção é com o "ser" e "estar" no presente, exatamente por que não existe o verbo, a negativa é feita com "MICH".

Exemplos:

1) Eu não estava no trabalho ontem.
ANA MA KUNT BIL CHOGHIL AMS.

2) Eu não vou estar em casa no sábado.
ANA MA RĀḤ KUN BIL BAIT AL SABT.

3) Eu não estou na escola agora.
ANA MICH BIL MADRASE HALLA.

EXERCÍCIO 34

Traduza as seguintes frases para o árabe:

1) Você (f) estava na casa deles ontem?

---

2) Nosso professor estava no Líbano ano passado.

---

3) Onde estava a chave?

---

4) Vocês eram casados?

---

5) O presidente não era rico.

---

6) Nós éramos amigos na faculdade.

---

7) Você (m) estava lá com eles ou sozinho?

---

8) O que é isso?

---

9) Eu não estou com fome, só um pouco com sede.

---

10) Seus pais estão bem?

---

11) Nós não estamos zangados.

---

12) O pai dela é muito famoso!

---

13) Onde é a loja deles?

---

14) Nós vamos estar na frente do shopping.

---

15) Meu irmão vai ser dentista.

---

16) Onde você (m) vai estar na segunda à tarde?

---

17) Ela está grávida! Ela vai ser mãe!

---

18) Vocês vão estar aqui amanhã cedo?

---

19) Eu não vou estar ocupado depois das 5h.

---

20) Eles vão ser amigos!

EXERCÍCIO 35

Dê respostas completas em árabe às seguintes perguntas:

1) UAIN INTA KUNT MBĀRIḤ AL MASA? (Onde você estava ontem à tardezinha?)

2) INTU KUNTU BIL BAḤER BIL ξOTLI? (Vocês estavam na praia nas férias?)

3) BAIAK KAN ISTĀZ JĀMξA? (Teu pai era professor universitário?)

4) AIIA SĒξA INTA KUNT BIL BAIT? (A que horas você estava em casa?)

5) Amir KĀN MAξAK BIL ξIEDI? (O Amir estava com você na clínica?)

6) INTA MCHAUIB HALLA? (Você está com calor agora?)

7) BAITAK BAξĪD MIN CHOGHLAK? (Sua casa é longe do seu trabalho?)

8) AL BRAZIL AKBAR MIN CANADA? (O Brasil é maior que o Canadá?)

9) LAICH HIE ḤAZINI? (Por que ela está triste?)

10) INTU KTĪR MACHGHULIN LIAUM? (Vocês estão muito ocupados hoje?)

11) INTA RĀḤ TKUN HAUN BUKRA AL SOBEḤ? (Você vai estar aqui amanhã de manhã?)

12) Riad RĀḤ ISĪR AL RA>ĪS? (Riad vai ser o presidente?)

13) INTU RĀḤ TKUNU BIL ḤAFLE KAMĀN? (Vocês vão estar na festa também?)

14) AHLAK RĀḤ IKUNU BI BAITAK AL AḤAD? (Seus pais vão estar na sua casa no domingo?)

____

15) RĀḤ TKUN MCHAMSI BUKRA?
(Vai estar ensolarado amanhã?)

____

Agora, confira suas respostas com as sugestões de respostas no final do livro. Leia tudo em voz alta, mais de uma vez, até ficar fluente!

EXERCÍCIO 36

Complete as lacunas com os verbos "ser" e "estar" da forma correta, no tempo passado ou futuro. Se for no presente, como o verbo não existe, deixe em branco, ou escreva Ø.

1) AL USBUξ AL MĀDI HINNI ________________ BIL Rio de Janeiro.
2) NAḤNA ________________ BIL MATξAM AL SĒξA TMENI LIAUM BIL LAIL.
3) ANA ________________ KTĪR TAξBĀN, BADDI NĀM.
4) AL SAIĀRA ________________ MASRU>A!
5) BAII ________________ BIL MUSTACHFA MBĀRIḤ, HUE ________________ MĀRID. LIAUM AL ḤAMDULILLĀH HUE ________________ AḤSAN.
6) UKHTU MICH ________________ MITJAUIZI.
7) INTA BTAξRIF UAIN ________________ AL BALADIIE?
8) INTU ________________ BIL BANEK AL IRBAξA AL MĀDI?
9) ISTĀZUN ________________ HAUNIK BUKRA.
10) ANA MA ________________ JUξĀN, MA AKALT CHI.

Agora, confira suas respostas com as sugestões de respostas no final do livro. Depois, ouça a faixa 12 e repita em voz alta, mais de uma vez, até ficar fluente!

EXERCÍCIO 37

Conjugação rápida! Como dizer em árabe o seguinte:

1) Eu estava: __________
2) Eu vou estar: __________
3) Eu estou: __________
4) Você (f) era: __________
5) Você (f) vai ser: __________
6) Você (f) é: __________
7) Nós estamos: __________
8) Nós estávamos: __________
9) Nós vamos estar: __________
10) Ele está: __________
11) Eles estavam: __________
12) Ele vai estar: __________

Lição 11
Fale usando pronomes interrogativos e similares

Nesta lição você vai praticar conversação utilizando pronomes interrogativos e similares.

São eles:

UAIN – Onde (ou AINA)
KIF – Como (ou KAIFA)
LAICH/LIMĀDHA –Por que
AMTI/MATA – Quando
KAM – Quantos
ADDAICH/BIKAM – Quanto
CHU – O que
MINN – Quem
AIIA – Qual
KUL ADDAICH – Com que frequência
AIIA SĒξA – A que horas
CHU AL SĒξA/ADDAICH AL SĒξA – Que horas
ADDAICH ξOMR… – Qual idade (ou MA ξOMR…)
MAξ MINN – Com quem
LA MINN – Para quem ou De quem
LA CHU – Para que
LA UAIN – Para onde
CHU AL SABAB/LI>AIIA SABAB – Qual motivo/Por qual motivo
CHU RA>AM – Qual número
CHU SIξR – Qual preço

Ouça a faixa 13 e repita tudo em voz alta.

EXERCÍCIO 38

Traduza as seguintes perguntas para o árabe.

Importante! São 137 perguntas a serem traduzidas para treinar os pronomes interrogativos. Mas há muito mais ganhos num exercício como este, como vocabulário e estrutura da língua (tempos verbais etc.) para treinar e memorizar. Por isso, muito importante que você o faça com atenção, e não necessariamente todo ele de uma vez! Faça por partes, perceba que há uma média de sete perguntas com cada pronome interrogativo, você pode fazer um conjunto de cada vez, para ir absorvendo e fixando o conteúdo.

1) Onde é sua casa?

____

2) Onde você trabalha?

____

3) Onde vocês estavam ontem?

____

4) Onde posso comprar pão árabe?

____

5) Onde há uma farmácia perto daqui?

____

6) Onde será a festa?

____

7) Como você vai ao trabalho?

____

8) Como estava a reunião?

____

9) Como está seu pai?

____

10) Como eles vão viajar?

____

11) Como posso ajudá-lo?

____

12) Como será a recepção?

13) Como é feito?

14) Por que você não estava aqui de manhã?

15) Por que a janela está aberta?

16) Por que eles estão zangados?

17) Por que você está gritando?

18) Por que você estuda árabe?

19) Por que ela foi sozinha?

20) Por que vocês querem ir sozinhos?

21) Por que você vendeu seu carro?

22) Por que você tem que falar com ele hoje?

23) Quando é seu aniversário?

24) Quando foi o feriado?

25) Quando você está estudando árabe?

26) Quando você pode ir comigo?

27) Quando eles virão?

28) Quando seus pais estavam aqui?

29) Quando você quer falar comigo?

30) Quando será o enterro?

31) Quando sua irmã vai se formar?

32) Quando você começou?

33) Quando você comprou este livro?

34) Quantos irmãos você tem?

35) Quantos dias você ficou lá?

36) Quantos dólares você gastou?

37) Quantas horas eles vão viajar de avião?

38) Quantas casas tem (há) no bairro?

39) Quantas pessoas tinha (havia) lá?

40) Quantos livros ela vendeu?

41) Quantos dias você vai ficar na Jordânia?

42) Quantas vezes você ligou?

43) Quantas páginas você leu?

44) Quantas maçãs você quer?

45) Quanto é?

46) Quanto é isso?

47) Quanto custa?

48) Quanto eu tenho que pagar?

49) Quanto ela pagou no carro?

50) Quanto açúcar você precisa?

51) Quantos litros de leite há na geladeira?

52) Quantos quilos de carne você comprou?

53) Quantas cadeiras vocês vão trazer?

54) Quanta gasolina tem no carro?

55) O que é isso?

56) O que você quer?

57) O que há na caixa?

58) O que são estes papéis?

59) O que ele queria com você?

60) O que vamos comer?

61) O que você está fazendo?

62) O que você disse?

63) O que eles estavam bebendo?

64) O que eu devo fazer agora?

65) O que aconteceu?

66) O que podemos fazer?

67) O que você bebe de manhã?

68) O que seu irmão gosta de ver na TV?

69) O que os filhos deles gostam de comer?

70) O que você achou embaixo do carro?

71) O que havia atrás da casa?

72) O que está dizendo?

73) O que você usou?

74) Quem é aquele homem?

75) Quem quer água?

76) Quem está ouvido o rádio?

77) Quem pode pagar mais?

Importante! Com o pronome interrogativo "MINN" (quem), o verbo é conjugado como se fosse "HUE" (ele). Por ser um pronome indefinido, estabeleceu-se o padrão de conjugar o verbo que o acompanha na 3ª pessoa do masculino.

78) Quem pediu pizza de camarão?

79) Quem vai levar as crianças lá no domingo de manhã?

80) Quem está comendo no quarto?

81) Qual deles você quer? O azul ou o vermelho?

82) Qual vestido ela comprou?

83) Em qual dia você vai à igreja?

84) Qual mês há mais movimento?

85) Em qual loja estão vendendo com 30% de desconto?

86) Qual celular é mais caro, o iPhone ou o Samsung?

87) Qualquer coisa, posso te ligar?

88) Com que frequência você estuda árabe?

89) Com que frequência vocês visitam seu avô?

90) Com que frequência ela limpa a casa?

91) Com que frequência você vai treinar?

92) Com que frequência você assiste ao noticiário?

93) Com que frequência tem um roubo na cidade?

94) Com que frequência nós devemos lavar a máquina?

95) A que horas você geralmente acorda?

96) A que horas eles vão chegar?

97) A que horas ela tem aula?

98) A que horas vocês querem jantar?

99) A que horas eu tenho que acordar?

---

100) A que horas você volta do trabalho?

---

101) A que horas você foi dormir ontem?

---

102) A que horas você falou com ela?

---

103) A que horas você enviou o e-mail?

Atenção! "ADDAICH AL SEξA? "ou "CHU AL SĒξA HALLA?" são perguntas mais usuais para pedir horas.

104) Que horas são agora?

---

105) Qual é sua idade?

---

106) Qual é a idade de sua mãe?

---

107) Qual é a idade deles?

---

108) Qual era sua idade quando você morou no Líbano?

---

109) Qual era a idade dele quando ele casou?

---

110) Qual será sua idade quando você terminar a faculdade?

---

111) Com quem você foi?

---

112) Com quem eles vão trabalhar?

---

113) Com quem ela se casou?

---

114) Com quem vão estar os anéis?

---

115) Com quem posso falar sobre este problema?

116) Para quem você vai telefonar?

117) Para quem eles compraram aquele presente?

118) Para quem você quer dar a mesa?

119) De quem é aquele carro?

120) De quem são estes papéis?

121) De quem eram aqueles óculos?

122) Para onde vocês querem ir hoje à noite?

123) Para onde eles foram ontem?

124) Para onde ele vai viajar?

125) Para onde nós temos que levar os móveis velhos?

126) Por qual motivo ele está nervoso?

127) Por qual motivo eles não gostaram da oferta?

128) Por qual motivo você não quer ir conosco?

129) Qual é o número da sua casa?

130) Qual é o número do seu telefone?

131) Qual é o número do seu pé?

132) Qual era o número dele?

133) Qual será o número do apartamento?

134) Qual é o preço deste tapete?

135) Qual era o preço dela?

136) Qual é o preço da passagem?

137) Qual será o preço da entrada?

Lição 12
Fale usando conjunções

Nesta lição você vai aprimorar sua fala em árabe usando conjunções. O termo "conjunção" é dado a uma palavra, ou palavras, que tem a função de conectar orações. São conjunções palavras como: **e**, **ou**, **portanto**, **por isso**, **nem**, **enquanto** etc. São muito úteis para quem deseja formular frases mais longas e elaboradas. Para melhor entendimento e assimilação, elas serão aqui apresentadas separadamente, com suas respectivas traduções e explicações, ilustradas com exemplos. Logo a seguir estão os exercícios de fixação. É a melhor maneira para não confundir, pois às vezes algumas palavras em árabe assumem diferentes funções e diferentes significados. Isso acontece em muitas outras línguas, como em inglês: "watch" (verbo: assistir; substantivo: relógio) ou em português: "pelo" (substantivo: pelo do braço; preposição + artigo: ficou pelo caminho).

I. CONJUNÇÃO "E"

No árabe coloquial, "e" se diz "U". Em algumas regiões de países árabes, se usa também "UA". Portanto, a seguir nos exemplos em que se lê U pode também ser com UA.

Exemplo:
Eu e minha esposa fomos ao cinema e vimos um filme de terror.
ANA U MARTI RUḤNA ξAL CINEMA U CHUFNA FILEM RUξB.

EXERCÍCIO 39

Traduza para o árabe:

1) O professor e o diretor estavam na reunião.

---

2) Eu comprei refrigerante e cerveja no supermercado ontem.

---

3) Você quer ir e falar com ele?

II. CONJUNÇÃO "OU"

Em árabe "ou" se diz "AU".

Exemplo:

Você quer ir hoje ou amanhã?
INTA BADDAK TRUḤ LIAUM AU BUKRA?

EXERCÍCIO 40

Traduza para o árabe:

1) A chave está aqui ou no carro?

---

2) Eu não lembro o nome dele... é Hassan ou Hussain?

---

3) Quer açúcar ou *chantilly*?

III. CONJUNÇÃO "MAS"

Em árabe coloquial o mais comum é usar "BAS" para dizer "mas". Em algumas regiões de países árabes usa-se também "LĀKIN". Portanto, a seguir, no exemplo e exercícios onde há BAS pode-se substituir por LĀKIN sem mudança alguma no significado.

Exemplo:

Eu não estou com fome, mas muito cansado, quero dormir.
ANA MICH JUξĀN, BAS KTĪR TAξBĀN, BADDI NĀM.

EXERCÍCIO 41

Traduza para o árabe:

1) Eu tenho que ler o livro, mas não tenho tempo.

---

2) Ela ganhou uma camiseta, mas não gostou da cor.

---

3) Eles estão viajando, mas não sei quando vão voltar.

IV. CONJUNÇÃO "PORÉM"

"Porém" em árabe é "LĀKIN", que como visto anteriormente pode significar "mas". Depende do contexto das frases para se usar "mas" ou "porém".

Exemplo:

Eu vi o filme, porém não gostei dele.
ANA CHUFT AL FILEM, LĀKIN MA ḤABAITU.

EXERCÍCIO 42

Traduza para o árabe:

1) Você pode comprar, porém não diga que eu não avisei!

---

2) Eles vieram, porém não sei até que horas ficaram aqui.

---

3) Não é certo, porém não é proibido.

V. CONJUNÇÃO "POR ISSO"

Em árabe "por isso" é " ξACHĀN HAIK".

Exemplo:

Eu não estava com fome, por isso não fui com eles ao restaurante.
ANA MA KUNT JUξĀN, ξACHĀN HAIK MA RUḤT MAξUN ξAL MATξAM.

EXERCÍCIO 43

Traduza para o árabe:

1) Ele não telefonou ontem, por isso ela estava zangada.

---

2) Eles não sabem falar árabe, por isso fomos juntos.

---

3) Por isso ninguém quer ir!

VI. CONJUNÇÃO "QUER DIZER"

A conjunção "quer dizer" no sentido de "ou seja" em árabe é "IAξNI".

Exemplo:

Ele quer ficar lá até maio, quer dizer, mais dois meses.
HUE BADDU IDAL HAUNIK ILA AIĀR, IAξNI, BAξD CHAH-RAIN.

EXERCÍCIO 44

Traduza para o árabe:

1) Ele não disse nada, quer dizer, ficou mudo!

---

2) Faça o que você achar melhor, quer dizer, a decisão é sua.

---

3) A reunião vai ser muito importante, quer dizer, todos devem estar lá.

VII. CONJUNÇÃO "SE"

Atenção! Em árabe há dois "se":

a) Um para indicar possibilidade, algo que poderá acontecer (ou não), portanto indica situações do "agora" para o "futuro". Nesse caso usa-se "IDA".

Exemplos:

Se você for, eu irei também.
IDA INTA RUḤT, ANA BRUḤ KAMĀN.

Se chover, a festa será no salão.
IDA CHATIT, AL ḤAFLE RĀḤ TSĪR BIL SALŪN.

Observação: Alguns árabes pronunciam IDA, outros IDHA (aqui o DH produz o mesmo som de "th" em "brother" em inglês), e há árabes que dizem IZA.

b) O segundo "se" é usado para indicar contrariedade ao fato passado, ou seja, o que seria "se" tivesse sido de outro jeito. Nesse caso usa-se "LAU".

Exemplo:

Se eu estivesse no seu lugar, teria vendido o carro.
LAU MATRAḤAK, BIƐT AL SAIĀRA.

EXERCÍCIO 45

1) Se eles ligarem, diga que eu estou muito ocupado hoje.

---

2) Se estivesse aberto, teríamos comida lá.

---

3) Se eu contar tudo, ela vai chorar.

---

4) Se tivéssemos ficado em casa, teria sido melhor.

---

5) Ele irá embora, se não encontrar um quarto.

---

6) Se você soubesse o que aconteceu!

VIII. CONJUNÇÃO "QUANDO"

"Quando" como conjunção em árabe é "LAMMA".

Exemplo:

Ele se assustou quando ela gritou.
HUE NA>AZ LAMMA HIE SARRAKHIT.

EXERCÍCIO 46

Traduza para o árabe:

1) Eles estavam jantando quando eu cheguei.

2) Eu estava trabalhando quando vi o acidente.

3) Nós vamos estar em casa quando eles chegarem.

IX. CONJUNÇÃO "MESMO QUE"

Para dizer "mesmo que" ou "mesmo se" em árabe, diga "ḤATTA LAU"

Exemplo:

Eu vou comprar a camisa, mesmo que seja cara.
ANA RĀḤ ECHTERI AL >AMĪS, ḤATTA LAU KĀN GHALI.

EXERCÍCIO 47

Traduza para o árabe:

1) Eu não quero, mesmo se for de graça!

2) Depois coloque-os na geladeira, mesmo que estejam quentes.

3) Mesmo que eles cheguem atrasados, nós vamos esperar.

X. CONJUNÇÃO "NEM"

Para se construir a expressão "nem (X) nem (Y)" em árabe, se usam as palavras

"LA (Y) UALA (X)".

Importante! Não confunda a palavra "UALA" (com um "L"), que significa "nem", com o juramento "UALLAH", que se lê a sílaba tônica "LAH", por isso com dois "L", e significa "por Deus".

1) Exemplos de "nem X nem Y: "Nem este nem aquele!
LA HEDA UALA HADEK!
2) Eu não quero nem chá nem café.
MA BADDI LA CHAI UALA AHUI.

EXERCÍCIO 48

Traduza para o árabe:

1) Ele não quer viajar nem de ônibus nem de avião.

---

2) Eu não gosto nem de cenoura nem de beterraba.

---

3) Ele não vendeu nem o carro nem a casa.

XI. CONJUNÇÃO "ENQUANTO"

"Enquanto" em árabe se diz "BAINAMA".

Exemplo:

Eu estava estudando enquanto eles estavam vendo um filme.

ANA KUNT ξM BEDRUS, BAINAMA HINNI KĀNU ξM BICHUFU FILEM.

EXERCÍCIO 49

Traduza para o árabe:

1) Ele telefonou duas vezes enquanto você estava fora.

2) Enquanto estávamos lá, ele estava muito contente.

3) Eu estava falando enquanto ele estava mexendo no celular.

XII. CONJUNÇÃO "APESAR DE"

Em árabe "apesar de" ou "apesar de que" é "MAξ INNU".

Exemplo:

Apesar de serem irmãos, eles se odeiam.
MAξ INNU HINNI UKHUI, BIEKRAHU BAξDUN.

EXERCÍCIO 50

Traduza para o árabe:

1) Eles estão brincando lá fora, apesar de estar chovendo.

2) Apesar de eu trabalhar muito, não tenho muito dinheiro.

3) Apesar de o problema ser grande, eles estão otimistas!

XIII. CONJUNÇÃO "PARA" (SENTIDO "A FIM DE").

"Para" neste caso se diz "LIKAI" ou "ξACHĀN".

Exemplo:

Ele veio para falar com você.
HUE EJA LIKAI IEḪKI MAξAK.
ou
HUE EJA ξACHĀN IEḪKI MAξAK.

Atenção! No dia a dia, é comum o "LIKAI" ser contraído para apenas "LA":

HUE EJA LA IEḪKI MAξAK.

EXERCÍCIO 51

Traduza para o árabe:

1) Eu vou viajar de ônibus para economizar um pouco.

2) Ele estuda à noite para trabalhar de dia.

3) Ela subiu na cadeira para ver quem estava atrás do carro.

XIV. CONJUNÇÃO "SENÃO"

Em árabe "senão" se diz "UA ILLA".

Exemplo:

Ela tem que tomar o remédio, senão ela vai ficar pior.
HIE LĀZIM TEKHOD AL DAUA, UA ILLA RĀḤ TSĪR ASUA>.

EXERCÍCIO 52

Traduza para o árabe:

1) Você deve contar a verdade, senão vão te prender!

2) Eu vou ficar lá com eles, senão ele vai ficar brabo.

3) Não diga nada! Senão vou embora!

XV. A CONJUNÇÃO“A NÃO SER QUE”

A construção de “a não ser que” em árabe é “ILLA IDHA”, que pode também ser pronunciada “ILLA IDA”.

Exemplo:

Nós vamos pedir pizza, a não ser que você queira outra coisa.
NAḤNA RĀḤ NETLOB Pizza, ILLA IDA INTA BADDAK GHAIR CHI.

EXERCÍCIO 53

Traduza para o árabe:

1) Vamos fazer o jantar na varanda, a não ser que chova.

2) Ela vai trazer todas as chaves, a não ser que ela esqueça.

3) O restaurante abre no domingo também, a não ser que seja feriado.

Ouça a faixa 14 e repita em voz alta todas as frases dos exemplos. Há uma para cada conjunção.

Lição 13
Fale com advérbios
(tempo/modo/lugar/afirmação/negação)

Nesta lição você vai falar árabe usando advérbios e locuções adverbiais. Como em português, há vários tipos de advérbios em árabe, os de modo, lugar, tempo etc. A seguir, listas de advérbios, separadas por tipo, e após cada lista um exercício de fixação.

I. ADVÉRBIOS DE MODO

KTĪR – muito
JIDĀN – muito (mais formal)
BIL ḤA>I>A – realmente
ḤAQAN – realmente (mais formal)
BISURξA – rapidamente
MNIḤ – bem
BIBUTU> – lentamente (mais formal)
ξAMAHAL – lentamente
BIξINĀIA – cuidadosamente
BILKĀD –- dificilmente
TA>RIBAN – quase
LAḤĀL... ou LAUAḤD... – sozinho/a/os/as

Observação: Em árabe o contrário de LAḤĀL (sozinho) é SAUA (juntos).

Atenção! “sozinho” em árabe deve concordar com o sujeito, através da terminação (sufixos) I, AK, IK, U, A, NA, KUN e UN.

LAḤĀLI ou LAUAḤDI (eu) sozinho
LAḤĀLAK ou LAUAḤDAK (você – m) sozinho
LAḤĀLU ou LAUAḤDU (ele) sozinho
LAḤĀLNA ou LAUAḤDNA (nós) sozinhos

BICHAKIL SAII> – mal/de maneira ruim
KAMĀN – também
>ALĪL – pouco
LIḤUSN AL ḤADH – felizmente
LIL>ASAF – infelizmente
BISUHULA – facilmente

Agora ouça a faixa 15 e repita tudo em voz alta!

EXERCÍCIO 54

Traduza para o árabe:

1) Por que ele fala rápido?

2) Eu falo árabe bem.

3) Eles trabalham juntos.

4) Realmente ela é muito bonita.

5) Infelizmente não vou poder ir.

6) Eu comi pouco, não estava com fome.

7) Ele estuda sozinho.

8) Eu quero ir sozinho.

9) Você vai pagar sozinho?

10) Eles fazem tudo cuidadosamente.

II. ADVÉRBIOS DE FREQUÊNCIA

DĀ>IMAN – sempre
ʕADATAN – geralmente
MARRĀT – às vezes
AḪIĀNAN – às vezes
NĀDIRAN – raramente
ABADAN – nunca
MARRA BIL USBUʕ– uma vez por semana
MARRTAIN BIL CHA-HER – duas vezes por mês
TLET MARRĀT BIL SENI – três vezes por ano
KUL MARRA – toda vez/todas as vezes
UALA MARRA – nenhuma vez
CHI MARRA – alguma vez

Agora ouça a faixa 16 e repita tudo em voz alta!

EXERCÍCIO 55

Traduza para o árabe:

1) Eu sempre tomo uma xícara de café de manhã.

____

2) Às vezes ele liga à noite.

____

3) Nunca! Eu não gosto de assistir futebol.

____

4) Ela corta seu cabelo duas vezes por mês.

____

5) Toda vez eles trazem algo para comermos.

____

6) Alguma vez você viajou para o Líbano?

____

7) Às vezes… só quando eu estou muito cansado.

____

III. ADVÉRBIOS DE TEMPO

AMS – ontem
ou
MBĀRIḤ – ontem (os dois são usados e entendidos por todos)
LIAUM – hoje
BUKRA – amanhã
ξABUKRA – amanhã
HALLA – agora
AL>ĀN – agora
THUMA – então
BAξDAIN – depois
FIL UA>T AL ḤĀLI – atualmente
USBUξ AL JEII – semana que vem
CHA-HER AL MĀDI – mês passado
MU>AKHARAN – recentemente
ξAN >ARIB – em breve
FAURAN – imediatamente
LAIAZĀL – ainda (na mesma situação)
LESSA – ainda (falta fazer)
MUNDHU – atrás (como em 5 dias atrás)
SĀBIQAN – já (anteriormente)
BAKKĪR – cedo
MIT>AKHIR – atrasado
LA>ĪS – tarde
MUTA>AKHIRAN – tardiamente
ABL – antes
MUTLAQAN – jamais
ABADAN – nunca

Agora ouça a faixa 17 e repita tudo em voz alta!

EXERCÍCIO 56

Traduza para o árabe:

1) Tenho que acordar cedo amanhã.

---

2) Ele fechou a porta e depois foi dormir.

---

3) Eu não preciso de nada agora.

---

4) Atualmente eles são as pessoas mais ricas da cidade.

---

5) Por que você voltou tarde ontem?

---

6) Ainda não falei com ela.

---

7) Você quer comer antes ou depois do filme?

---

8) Ele faleceu 11 anos atrás.

---

9) Eu vou terminar a faculdade em breve.

---

10) Se acontecer algo, abra a janela imediatamente!

IV. ADVÉRBIOS DE LUGAR

HAUN – aqui
HUNA – aqui
HAUNĪK – lá
HUNĀK – lá
BI KUL MAKĀN – em todo lugar
BI AIIA MAKĀN – em qualquer lugar
UALA MATRAḤA – nenhum lugar
JUUA – dentro
BARRA – fora
ξALA AL IAMĪN – à direita
ξALA AL CHMĀL – à esquerda
ḤAULA – ao redor/em torno

Agora ouça a faixa 18 e repita tudo em voz alta!

EXERCÍCIO 57

Traduza para o árabe:

1) Ela não trabalha aqui.

---

2) Eu comprei este relógio lá.

---

3) Podemos almoçar em qualquer lugar.

---

4) Eles brincam ao redor da casa.

---

5) Vocês querem jantar dentro ou fora?

V. ADVÉRBIOS DE DÚVIDA, AFIRMAÇÃO E NEGAÇÃO

RUBBAMA – provavelmente
MINAL MUḤTAMAL – provavelmente
IEMKIN – talvez
NAξAM – sim
BIDUN CHAK – sem dúvida
TAMĀMAN – perfeitamente
TABξĀN – certamente
AKĪD – certamente
ITLĀQAN – absolutamente (em frases negativas)
MA FI TARIQA ou ITLĀQAN – de jeito nenhum

Agora ouça a faixa 19 e repita tudo em voz alta!

EXERCÍCIO 58

Traduza para o árabe:

1) Provavelmente eles cheguem após a meia-noite.

2) Sim, eu vou vender a casa e vou para a Europa!

3) Certamente ele também vai querer ficar lá.

4) Talvez sim, talvez não…

5) Sem dúvida é a comida mais gostosa que comi na minha vida!

Lição 14
Fale com preposições

Nesta lição você vai falar mais árabe utilizando preposições. Como em português, há em árabe vários tipos de preposições: as essenciais, as de tempo, de lugar etc. Você tem aqui uma lista dessas preposições com suas respectivas traduções, mas antes vamos focar em quatro delas, que são muito usadas no dia a dia.

I. BIL OU BI

Em árabe, “BIL” equivale a “na”, “no” e “em” em português, quando se quer dizer onde algo ou alguém está. Portanto, é uma preposição de lugar.

Exemplos:

1) HUE KAN BIL BAIT MBĀRIḤ.
Ele estava em casa ontem.

2) INTA RĀḤ TECHTERI CHI BIL MAḤAL?
Você vai comprar algo na loja?

3) HINNI RĀḤ IKUNU BIL MATĀR AL SĒξA TLETE.
Eles vão estar no aeroporto às 3h.

Em português, “no” é a junção de “em + o” e “na” é “em+a”. Em árabe também!
Então:

Em + o = no/BI + AL = BIL
Em + a = na/BI + AL = BIL

Importante! Em muitas regiões de países árabes, usa-se "FIL/FI" ao invés de "BIL/BI". Portanto, BIL/BI poderão ser trocados por FIL/FI sem alterar o significado.

II. ξAL/ξA

Em árabe ξAL (ou ξA) equivale ao "para" quando acompanhado de um verbo que indica movimento.

Exemplos:

1) ANA RUḪT ξAL BAIT ABKAR.
Eu fui para casa mais cedo.

2) HIE BTSĀFIR ξAL BAḪER KUL SENI.
Ela viaja para a praia todos os anos.

Na fala mais coloquial:

Para o = pro/ξAL
Para a = pra/ξAL

III. ILA/LA

Em árabe, quando queremos dizer "para" como indicação de finalidade, propriedade etc., usamos ILA ou LA. E "para" indicando direção usamos ξAL; todos os outros "para" equivalem ao ILA (ou LA).

Exemplos:

1) Este presente é para a Jacqueline.
HEDA AL HDEII LA Jacqueline.

2) Vou telefonar para pedir a pizza.
RĀḤ TALFIN LA ETLOB AL Pizza.

Para que você comprou isso?
LA CHU INTA CHTARAIT HEDA?

Observação: "ILA" e "LA" são a mesma coisa, dependendo do país ou região árabe que visitar, você ouvirá um ou outro.

IV. A preposição "de" indicando posse, atribuição de algo a alguém, ou o material que forma ou constitui algo), em árabe, não existe.

Exemplos:

1) BAIT Nasser = Casa do Nasser.
2) MAḤAL IMMA = Loja da mãe dela.
3) ξASĪR TUFFĀḤ = Suco de maça.
4) SANDUĪCH LAḤEM = Sanduíche de carne.

A seguir, uma lista com as principais preposições em árabe. Para melhor assimilação, todas estão acompanhadas de pequenos exemplos:

MAξ SUKKAR – com açúcar
MAξ UKHTI – com minha irmã
BIDŪN MELEḤ - sem sal
BIDUN FLUS – sem dinheiro
ξAN AL MAUDUξ – sobre o assunto
ξAN AL ḤAIĀT – sobre a vida
BIL SAIĀRA – no carro
BIL BĀS – no ônibus
BIL TAIĀRA – no avião
MIN LUBNĀN – do Líbano
MIN Porto Alegre – de Porto Alegre

MIN AL TANAIN ILA AL JUMξA – de segunda até sexta
ξALA AL TAULE – na mesa (em cima dela)
ξALA AL ARD – no chão
MIN KHILĀL AL DURUS – através das aulas
MIN KHILĀL AL SAFĀRA – através da embaixada
ξABR AL CHUBBĀK – através (pela) janela
ξABR AL >UDEḤ – pelo buraco
ḌUD AL CHAξB – contra o povo
DUD AL BĀB – contra a porta
FAU> AL SANDUQ – em cima da caixa
FAU> AL BAIT – em cima da casa
TAḤT AL KURSI – embaixo da cadeira
TAḤT AL SAIĀRA – embaixo do carro
UARA AL MAḤAL – atrás da loja
UARA AL BĀB – atrás da porta
UDDĀM AL KNISI – em frente à igreja
UDDAM AL MRAIIE – em frente ao espelho
ξAJANB AL MATξAM – ao lado do restaurante
ξAJANB AL UDA – ao lado do quarto
ḤAD AL SAIDALIIE – perto da farmácia
ḤAD AL ḤAMMĀM – perto do banheiro
ARĪB MIN AL BANEK – perto do banco
ARĪB MIN BAITU – próximo à casa dele
BAξĪD MIN HAUN – longe daqui
BAξĪD MIN AL MUSTACHFA – longe do hospital
BAIN AL BAIT U AL MAḤAL – entre a casa e a loja
BAIN AL BĀB U AL NĀFIDA – entre a porta e a janela
ḤATTA AL KHAMĪS - até quinta-feira
ḤATTA AL BAIT - até a casa

Agora ouça a faixa 20 e repita tudo em voz alta!

EXERCÍCIO 59

Traduza para o árabe:

1) Eu vou para o trabalho com meu irmão.

2) Eles trabalham sem licença.

3) Não quero falar sobre o problema agora.

4) Eu andei da escola até o ponto de ônibus.

5) Ele vai fazer uma surpresa para a sua esposa.

6) O que tem em cima da embalagem?

7) Há um pouco de suco na jarra.

8) Tem sujeira na sua camisa.

9) Eles moram na frente da praça.

10) Eu sentei entre o Amir e o Tarek.

EXERCÍCIO 60

Traduza para o português.

1) AL MUFTĀḤ BI JUZDĀNA.

2) ANA BADDI RUḤ ξAL MALḤAMI MAξAK.

3) INTA MA FIK TFUT BIDUN HAUIIA.

4) ƸAN CHU ƸM BTEḪKU?!

5) BAIA MIN ALMĀNIA.

6) LAZIM EKHOD CHI LA JUDDI.

7) AL MOBAIL KAN ƸALA AL TAKHT.

8) Liverpool RĀḪ IELƸAB DUD Real Madrid.

9) HINNI BIƸICHU MIN KHILAL AL TABARUƸĀT.

10) DALIK ƸAJANBI!

Lição 15
Fale sobre comidas e bebidas

Nesta lição você vai enriquecer seu vocabulário árabe aprendendo novas palavras relacionadas a comidas, bebidas e suas embalagens. Além da pequena lista de adjetivos que descrevem tais substantivos.

Atenção! Há casos em que o mesmo alimento tem mais de um nome comum, como em português: "madioca", "aipim" e "macaxeira", por isso, a repetição na lista.

I. COMIDAS

AKEL – comida
TAξĀM – comida
UAJIBA – refeição
TIRUĪ>A – café da manhã
GHADA – almoço
ξACHA – jantar
LAḤEM – carne
DJĀJ – galinha
SAMAK – peixe
TUIŪR – aves
LAḤEM KHARŪF – carne de carneiro
LAḤEM BAQR – carne bovina
LAḤEM KHANZĪR – carne de porco
JAMBARI – camarão
E>RAIDIS – camarão
MAḤĀR – ostra
KHOBEZ – pão
ROZ – arroz
FASŪLIA – feijão
MAξKARUNI – macarrão
CHAURABA – sopa

ḤOMMUS – grão de bico
KUBBE – quibe
KUBBE NAI – quibe cru
FŪL – favas
BABA GHANŪJ – pasta de beringela assada
LABAN – coalhada
JEBNI – queijo
MURTADELLA – mortadela
BAIDĀT – ovos
ACHTA – nata
ZEBDI – manteiga
ZEBDI NABĀTI – margarina
ξASIL – mel
ZAITUN – azeitona
MRABBA – geleia de frutas
MAξ>ŪD – geleia de frutas
ḤILUAIĀT – doces
GATÔ – bolo
KAξK – bolacha árabe
BASKUT – biscoito
BUZA – sorvete
SUKKAR – açúcar
MELEḤ - sal
SALATA – salada
ξAJĪN – massa

Agora ouça a faixa 21 e repita tudo em voz alta!

II. LEGUMES E VERDURAS

KHAS – alface
BANADURA – tomate
TAMĀTUM – tomate
KHIĀR – pepino
BASAL – cebola

THŪM – alho
JAZAR – cenoura
MALFUF – repolho
ARNABĪT – couve-flor
KUSSA – abobrinha
BEQDAUNIS – salsinha
CHAMANDAR – beterraba
FEJEL – rabanete
FLAIFLI – pimentão
LŪBI – vagem
BETINJEN – beringela
NAξNAξ – hortelã
BAZILLA – ervilha
DURA – milho
LA>TIN – abóbora
BĀMIA – quiabo
SABĀNIKH – espinafre
BATĀTA – batata
FUTR – cogumelo
KHUDRA – verduras/legumes
FŪL – favas
ḤOMMUS – grão de bico
JIRJĪR – rúcula
RACHĀD – agrião
ZAξTAR – tomilho

Agora ouça a faixa 22 e repita tudo em voz alta!

III. FRUTAS

FAUĀKIH – frutas
ξENIB – uva
TUFFĀH – maça
NJĀS – pera
BURTUQĀL – laranja

LAIMŪN – laranja
LAIMŪN ḤĀMID – limão
DARRĀ> – pêssego
KHAUKH – ameixa
MAUZ – banana
ANANĀS – abacaxi
KARAZ – cereja
TĪN – figo
RUMMĀN – romã
BATTIKH – melancia
BATTIKH ASFAR – melão
JAUZ AL HIND – coco
MUCH-MUCH – damasco
TŪT – amora
FRĒZ – morango
FARAUELA – morango
ZBĪB – uvas secas / passas
GUĀVA – goiaba
BALAḤ – tâmaras frescas
TAMAR – tâmaras secas
MANGO – manga
JAUZ – noz
LAUZ – amêndoa
BUNDUQ – avelã

Agora ouça a faixa 23 e repita tudo em voz alta!

IV. BEBIDAS

MACHRUB – bebidas
MAI – água
CHAI – chá
AHUI – café
QAHUA – café
ḤALĪB – leite

KAZUZA – refrigerante
BIRA – cerveja
NBĪD – vinho
ξARAK – cachaça
KHAMIR – bebida alcoólica
UISKI – uísque
ξASĪR – suco

Agora ouça a faixa 24 e repita tudo em voz alta!

V. ADJETIVOS E OUTRAS PALAVRAS RELACIONADAS A COMIDAS E BEBIDAS

MECHUI – assado
ME>LI – frito
MASLU> - cozido
NAI – cru
MEḤCHI – recheado
MAFRŪM – moído
MAḤRŪ> – queimado
TĀZAJ – fresco
TABĪξI – natural
NĀCHIF – seco
SUKHEN – quente
BĀRID – frio
TAIIB – gostoso
ḤELU – doce
MOR – amargo
ḤĀMID – azedo
LAZĪZ – delicioso
MξAFFIN – podre
>ĀSI – duro
TARI – macio

Agora ouça a faixa 25 e repita tudo em voz alta!

VI. EMBALAGENS E AFINS

ANNINI – garrafa
QANINA – garrafa
KĀSI – copo
KUB – copo
FUNJĀN – xícara.
IBRĪ> – chaleira
JĀT – bacia-.
SANDU> – caixa.
ξULBI – embalagem/pacote
RAZMIT – maço
KILU – quilo
GHRĀM – grama
KĪS – saco
LITER – litro
CHA>FI – pedaço

Agora ouça a faixa 26 e repita tudo em voz alta!

EXERCÍCIO 61

Traduza para o árabe:

1) Eu gosto de comer comida árabe.

2) Eu prefiro carne ao frango.

3) Nós comemos arroz, feijão e carne todos os dias.

4) De manhã, eu sempre como um pedaço de pão com manteiga ou queijo.

5) O que você bebe de manhã?

6) Eu coloco nata e muita geleia, eu gosto de doce.

7) Nós compramos azeitona numa mercearia árabe.

8) Você gosta de salada com alface, tomate e pepino?

9) Eu não quero pizza com cebola.

10) Eu bebo suco de maça ou uva.

11) As frutas não são caras no Brasil.

12) Você gosta de beber café frio?

13) Suco de que vocês têm?

14) Você prefere ovos fritos ou cozidos?

15) A carne estava um pouco seca.

16) Abobrinha recheada é um prato famoso no Líbano.

17) Compre um quilo de carne moída.

18) Vamos beber uma xícara de café.

19) Há uma garrafa de suco de pêssego lá.

20) A chaleira está cheia de chá.

21) Ele comprou um saco de laranja.

22) Quer um pedaço de bolo?

23) Quero um copo de água fria, por favor.

24) A bacia de salada está na geladeira.

25) Eles só bebem suco natural.

26) Ele não bebe bebida alcoólica.

27) Quanto é o quilo de cereja?

28) No tabule tem salsinha, tomate, cebola, hortelã e trigo de quibe.

29) Muçulmanos não comem carne de porco.

30) As frutas na feira são mais baratas do que no supermercado.

EXERCÍCIO 62

Ao fazer este exercício, não consulte as páginas anteriores, ou seja, considere-o uma avaliação. Veja o que fixou de vocábulos de cada categoria desta lição.
Cite em árabe (escreva e depois leia em voz alta):

a) 6 legumes ou verduras

b) 6 frutas

c) 6 bebidas

d) 6 adjetivos relacionados a comidas e bebidas

e) 6 embalagens e afins

f) 10 comidas (não valem frutas, verduras e bebidas)

Lição 16

Fale sobre viagens e meios de transporte

Nesta lição você vai aprimorar sua conversação em árabe falando sobre meios de transporte, viagens e férias.

VOCABULÁRIO RELACIONADO AOS MEIOS DE TRANSPORTE

UASĀ>IL AL MUASALĀT – meios de transporte
UASĪLA – meio
NAQL – transporte
SAIĀRA – carro
BĀS – ônibus
SAIĀRIT UJRA – carro de aluguel
TAXI – táxi
QITĀR – trem
TREN – trem
MARKAB – barco
SAFINI – navio
DARRĀJA – bicicleta
MOTOCIKEL – motocicleta
TAIĀRA – avião
CHĀḤINA – caminhão
METRO – metrô
CAMIŪN – caminhão
MARUAḤIA – helicóptero
HILICUBTIR – helicóptero
MÁCHI – a pé

Agora ouça a faixa 27 e repita tudo em voz alta!

VERBOS RELACIONADOS AO TRANSPORTE

SU> – dirigir
ERKAB – andar de (ônibus/bicicleta/moto)
EMCHI – caminhar
RUḤ – ir
SĀFIR – viajar
ERKOD – correr
ESRIξ – acelerar
UA>IF – parar/estacionar
LUF – virar
LUF ξALA AL IAMĪN – vire à direita
LUF ξALA AL CHMĀL – vire à esquerda
EDξĀS ξAL FRĀM – pisar no freio (frear)
EKHOD – pegar/tomar
ḤOT BANZĪN – colocar gasolina
ZAMMIR – buzinar
KAZDIR – passear de carro
CHOM AL HAUA – passear (tomar um ar)
ETLAξ – partir (de casa/do trabalho/do aeroporto)
ASAL – chegar
ESTA>JIR – alugar

Agora ouça a faixa 28 e repita tudo em voz alta!

EXERCÍCIO 63

Traduza as seguintes frases para o árabe:

1) Como você vai ao trabalho de manhã?

2) Eu sempre vou de ônibus.

3) Eu dirijo muito bem.

4) Ela quer pegar um táxi.

5) Tem metrô na sua cidade?

6) Eles viajaram de navio.

7) Às vezes eu caminho da faculdade até em casa.

8) Por que ele está correndo?

9) Vá trezentos metros e depois vire à direita.

10) Vou parar atrás do carro vermelho.

11) Ele gosta de andar de motocicleta.

12) Por que você está acelerando assim?

13) Tenho que colocar gasolina agora.

14) Ela buzina muito!

15) Quer passear de carro conosco?

16) Nós vamos passear depois do almoço.

17) A que horas você parte de lá?

18) Eu vou chegar antes das 8h.

19) Onde posso alugar um carro?

20) Tem um caminhão na minha frente.

EXERCÍCIO 64

Dê respostas completas em árabe às seguintes perguntas:

1) INTA ξENDAK SAIĀRA? (Você tem um carro?)

2) INTA BTRUḤ ξAL CHOGHIL BIL METRO? (Você vai ao trabalho de metrô?)

3) FI MATĀR BI BALADAK? (Tem um aeroporto na sua cidade?)

4) IMMAK BTAξRIF TSU>? (Sua mãe sabe dirigir?)

5) UAIN FINI EKHOD TAXI ARĪB MIN HAUN? (Onde posso pegar um táxi perto daqui?)

6) INTA BTḤOB TEMCHI? (Você gosta de caminhar?)

7) BTAξRIF ḤADA BIRUḤ ξAL JĀMξA BIL DARRĀJA? (Você conhece alguém que vai à faculdade de bicicleta?)

8) KUL ADAICH INTA BTḤOT BANZIN? (Com que frequência você coloca gasolina?)

9) AIIA SEξA ξĀDATAN BTASAL ξAL BAIT? (A que horas você geralmente chega em casa?)

10) INTA BTFADDIL TKAZDIR AU TCHOM AL HAUA MÁCHI? (Você prefere passear de carro ou passear a pé?)

Agora, confira suas respostas com as sugestões de respostas no final do livro. Leia tudo em voz alta, mais de uma vez, até ficar fluente!

VOCABULÁRIO RELACIONADO A FÉRIAS E VIAGENS

ξOTLI – férias
ξOTLI SAIFIIE – férias de verão
SIĀḤA – turismo
MAKTIB SIĀḤA – agência de turismo
MURCHID SIĀḤI – guia turístico
MATĀR – aeroporto
MAḤATIT AL BĀS – rodoviária
AL JAMĀRIK – alfândega
BASSBORT – passaporte
JAUĀZ SAFAR – passaporte
AL USŪL – a chegada
AL MUGHĀDARA – a partida
MATξAM – restaurante
ḤAMMĀM – banheiro
CHANTA – mala
ḤAQIBA – mala
CHANTĀT – malas
RIḤLA – voo/viagem
MAQξAD – assento
CHUBBĀK – janela
MAMAR – corredor
BITĀQA – passagem/bilhete
TA>CHĪR – visto
MASĀRI – dinheiro
FLUS – dinheiro
SARRĀF – casa de câmbio
MADINA – cidade grande
DAIξA – vilarejo
QARIA – vilarejo
BAḤER – mar/praia
CHĀTI> – praia
RĪF – interior
DAULI – país

ZIĀRA – visita
FUNDUQ – hotel
>UTEL – hotel
TARĪQ – estrada
MAḤATA – posto
KHARITA – mapa
MATḤAF – museu
CAMIRA – câmera
ĀLAT TISUIR – câmera
ξUMLI – moeda (de um país)
AJNABI – estrangeiro
MAḤALI – local
MUNTAZAH – parque
SĀḤA – praça
SURA – foto
SUAR – fotos
MUNTAJAξ – *resort*
HDEII – presente
SUVINĪR – *souvenir*/lembrança
ḤADIQAT AL ḤAIAUANĀT – zoológico
JAZIRA – ilha
JISR – ponte
NAFAQ – túnel

Agora ouça a faixa 29 e repita tudo em voz alta!

EXERCÍCIO 65

Traduza as seguintes frases para o árabe:

1) Nós temos férias uma vez por ano.

2) Quando serão suas férias?

3) O turismo é muito importante para o Brasil.

4) Onde tem uma agência de turismo perto daqui?

5) O aeroporto é muito longe?

6) Eu tenho que estar na rodoviária antes das dez horas.

7) Eu fiz o passaporte ano passado.

8) A chegada está prevista para as cinco horas.

9) Esta mala está um pouco pesada.

10) Onde estão as malas?

11) A viagem foi muito bonita!

12) Qual é o número do meu assento?

13) Eu quero na janela, por favor.

14) Esta é minha passagem.

15) Eu vou pagar em dinheiro.

16) Visitamos um vilarejo bonito ontem.

17) Minha esposa gosta de ir à praia.

18) O Líbano é um país pequeno mas muito bonito!

19) Vamos fazer uma visita logo!

20) Aquele hotel é muito caro.

21) Havia um posto ao lado do hotel.

22) Você trouxe a câmera?

23) Qual é o nome da moeda lá?

24) Eu quero experimentar a comida local.

25) Vamos tirar muitas fotos.

26) Eles vão ficar em um *resort* perto do mar.

27) Onde posso comprar lembranças?

28) O restaurante fica depois da ponte.

29) Onde é o banheiro?

30) Muito obrigado!

Lição 17
Fale com números
(idade, valores, datas, tamanhos etc.)

Nesta lição você vai praticar o uso de números na língua árabe. Vamos praticá-los em idades, datas, preços, números de telefone, endereços, medidas, dinheiro, horas e outros. Saber falar corretamente números é essencial à linguagem do dia a dia de qualquer língua. Vamos lá então!

OS NÚMEROS DE 0 A 10:

0	SIFR
1	UAḤAD
2	TNAIN
3	TLETE
4	ARBAξA
5	KHAMSE
6	SETTI
7	SABξA
8	TMENI
9	TESξA
10	ξACHARA

Agora ouça a faixa 30 e repita tudo em voz alta!

AGORA, OS NÚMEROS DE 11 A 19.

Perceba que todos terminam com o sufixo "TAξCH" (exceto 11 e 12, "AξCH"):

11	HDAξCH
12	TNAξCH
13	TLETAξCH
14	ARBAξTAξCH
15	KHAMSTAξCH
16	SETTAξCH
17	SABAξTAξCH
18	TMENTAξCH
19	TESAξTAξCH

Agora ouça a faixa 31 e repita tudo em voz alta!

OS NÚMEROS DE 20 A 90 TEM A TERMINAÇÃO "ĪN":

20	ξECHRĪN
30	TLETĪN
40	ARBAξĪN
50	KHAMSĪN
60	SETTĪN
70	SABξĪN
80	TMENĪN
90	TESξĪN

Agora ouça a faixa 32 e repita tudo em voz alta!

OS NÚMEROS ENTRE 21 E 99 SÃO FALADOS DA SEGUINTE FORMA EM ÁRABE:

39 = TESξA U TLETĪN.

Ou seja, primeiro se diz a UNIDADE (9) e depois a DEZENA (30). Se você falar 39 assim: "TLETĪN U TESξA", está errado, e possivelmente não será compreendido(a).

Outro exemplo:

57 = primeiro diga SABξA (7) depois KHAMSĪN (50)
SABξA U KHAMSĪN

Vamos treinar mais!

EXERCÍCIO 66

Escreva como se diz os seguintes números em árabe:

1) 9 = ____________________
2) 19 = ____________________
3) 90 = ____________________
4) 93 = ____________________
5) 28 = ____________________
6) 84 = ____________________
7) 5 = ____________________
8) 36 = ____________________
9) 47 = ____________________
10) 52 = ____________________

NÚMEROS DE 100 A 900

100	MIIE
200	MITAIN
300	TLETMIIE
400	ARBAξMIIE
500	KHAMSMIIE
600	SETTMIIE
700	SABAξMIIE
800	TMENMIIE
900	TESAξMIIE

Agora ouça a faixa 33 e repita tudo em voz alta!

Atenção!

350 = TLETMIIE U KHAMSĪN

Porém,

357 = TLETMIIE U SABξA U KHAMSĪN (lembre-se, entre 21 e 99, a unidade é falada antes da dezena).

MAIS NÚMEROS

1000	ALF
2000	ALFAIN
3000	TLETALĀF
7000	SABAξTALĀF
20000	ξECHRĪN ALF
35000	KHAMSE U TLETĪN ALF
200000	MITAIN ALF
1000000	MALIŪN
1000000000	MILIĀR

Agora ouça a faixa 34 e repita tudo em voz alta!

EXERCÍCIO 67

Escreva como se diz os seguintes números em árabe:

1) 450 = ____________________
2) 457 = ____________________
3) 5800 = ____________________
4) 5860 = ____________________
5) 5861 = ____________________
6) 47000 = ____________________
7) 47500 = ____________________

8) 1985 = ____________________

9) 2010 = ____________________

10) 1301 = ____________________

I. IDADE

ADDAICH ξOMRAK? (Qual é sua idade?). Também pode ser perguntado assim:

KAM ξOMRAK?

No feminino, se pergunta:

ADDAICH ξOMRIK?

A resposta ideal e completa é ANA ξOMRI 35 SENI. (SENI = ano). Mas você pode também responder:

ξOMRI 35 SENI. ou ξOMRI 35. ou 35 SENI.

Vamos praticar!

EXERCÍCIO 68

Dê respostas completas em árabe às seguintes perguntas:

1) ADDAICH ξOMRAK? (Qual é sua idade?)

____

2) ADDAICH ξOMRA IMMAK? (Qual é a idade da sua mãe?)

____

3) ADDAICH ξOMRU IBNAK? (Qual é a idade do seu filho?)

____

4) ADDAICH KAN ξOMRAK LAMMA NA>ALT ξA LUBNĀN? (Qual era a sua idade quando se mudou para o Líbano?)

5) ADDAICH RĀḤ IKUN ξOMRAK LAMMA TKHALIS AL JĀMξA? (Qual será sua idade quando você terminar a faculdade?)

Agora, confira suas respostas com as sugestões de respostas no final do livro. Leia tudo em voz alta, mais de uma vez, até ficar fluente!

II. DATAS

Anos em árabe, se falam como em português!

1974 = ALF U TESAξMIIE U ARBAξA U SABξĪN.
2015 = ALFAIN U KHAMSTAξCH.

É comum, quando se está falando do ano de nascimento ou da fundação de uma empresa, por exemplo, falar só os dois últimos números, sem o milhar e a centena.

Exemplos:

a) Eu nasci em 92.
ANA KHLE>ET BIL TNAIN U TESξĪN.
b) Eles abriram a empresa em 87.
HINNI FATAḤU AL CHERKI BIL SABξA U TMENĪN.

Para falar datas como 17/10 ou 17/10/2005, ficam assim:

a) 17/10 (dezessete do dez) = SABAξTAξCH, ξACHARA.
b) 17/10/2005 (dezessete do dez de dois mil e cinco) = SABAξTAξCH, ξACHARA, ALFAIN U KHAMSE.
c) Ele vai viajar em 20/05.

HUE RĀḤ ISĀFIR BI ξECHRĪN KHAMSE.
ou
HUE RĀḤ ISĀFIR BI ξECHRĪN CHA-HER KHAMSE.

EXERCÍCIO 69

Traduza as seguintes frases para o árabe:

1) Eu estive lá em 1998.

____

2) Ele morreu em 2003.

____

3) Meu aniversário é em 10/12.

____

4) Em 06/05/2020 ele vai estar com 30 anos.

____

5) Eles vão chegar em 25/07.

____

III. PREÇOS E VALORES

a) ADDAICH? (Quanto é?)
b) KHAMSE U ξECHRĪN RIĀL. (R$ 25)

a) BI KAM HEDA? (Quanto é este?)
b) TNAξCH DULĀR U NUS. (US$ 12,50)

a) ADDAICH KUL UAḤAD? (Quanto é cada um?).
b) TMENIN CENS. (R$ 0,80)

EXERCÍCIO 70

Como dizer os seguintes valores em árabe?

1) US$ 350 = ______________________________

2) R$ 48 = ______________________________

3) R$ 0.25 = ______________________________

4) US$ 1700 = ______________________________

5) US$ 2,50 = ______________________________

IV. NÚMEROS DE TELEFONE

Em árabe, os números de telefone são falados um por um.

3572-9284 = TLETE, KHAMSE, SABξA, TNAIN, TESξA, TNAIN,TMENI, ARBAξA.

EXERCÍCIO 71

Dê respostas completas em árabe às seguintes perguntas:

1) CHU RA>AM AL TALAFON BI BAITAK? (Qual é o número do telefone em sua casa?)

____

2) CHU RA>AM TALAFONAK AL CELULAR? (Qual é o número do seu telefone celular?)

____

3) CHU RA>AM AL MOBAIL? (QUal é o número do celular?)

____

4) CHU RA>AM TALAFON ISTĀZAK? (Qual é o número do telefone de seu professor?)

____

5) ξENDAK GHAIR TALAFON? CHU AL RA>AM? (Tem outro telefone? Qual é o número?)

____

Agora, confira suas respostas com as sugestões de respostas no final do livro. Leia tudo em voz alta, mais de uma vez, até ficar fluente!

V. ENDEREÇOS

Em árabe, endereço é ξINUĀN.

Exemplos:

a) CHU ξINUANAK? (Qual é seu endereço?)
b) ξINUĀNI CHĀRIξ AL ARZ RA>AM MIIE U SABξA U KHAMSIN. (Meu endereço é rua Cedro, 157.)

EXERCÍCIO 72

Dê respostas completas em árabe às seguintes perguntas:

1) CHU ξINUĀNAK? (Qual é seu endereço?)

2) CHU RA>AM CHA>TAK? (Qual é o número do seu apartamento?)

3) CHU RA>AM BAITU? (Qual é o número da casa dele?)

4) CHU ξINUĀNAK AL KĀMIL? (Qual é o seu endereço completo?)

5) CHU KĀN ξINUĀNAK AL >ADĪM? (Qual era o seu endereço antigo?)

Agora, confira suas respostas com as sugestões de respostas no final do livro. Leia tudo em voz alta, mais de uma vez, até ficar fluente!

VI. MEDIDAS

Estude os exemplos:

a) CHU RA>AM IJRAK? (Qual é o número do seu pé?)
RA>AM IJRI TLETE U ARBAξIN. (Número do meu pé é 43.)

b) BADDI CHUF >AMĪS LA BAII. (Quero ver uma camisa para meu pai.)
CHU RA>MU? (Qual é o número dele?)
TMENI U TLETĪN (Trinta e oito)

Alguns árabes também usam a palavra NUMRA para "número".

Exemplos:

a) CHU AL NUMRA? (Qual número?)
b) SETTI U TLETĪN, MIN FADLAK (36, por gentileza.)

Vamos praticar!

EXERCÍCIO 73

Dê respostas completas em árabe às seguintes perguntas:

1) CHU RA>AM BANTALŌNAK? (Qual é o número da sua calça?)

2) CHU RA>AM AL >AMĪS INTA BADDAK TECHTERI? (Qual é o número da camisa que você quer comprar?)

3) HEDA AL SUBBĀT TESξA U TLETĪN. HEDA RA>AMAK? (Este sapato é 39. Este é seu número?)

Agora, confira suas respostas com as sugestões de respostas no final do livro. Leia tudo em voz alta, mais de uma vez, até ficar fluente!

VII. HORAS

Para pedir horas em árabe se pergunta:

ADDAICH AL SĒξA HALLA? (Que horas são agora?)
ou
CHU AL SĒξA? (Que horas são?)
KAM AL SĒξA? (Que horas são?)

Agora, estude os exemplos de como dizer as horas:

9h = TESξA
8h05 = TMENI U KHAMSE
6h10 = SETTI U ξACHARA
11h15 = ḤDAξCH U RUBAξ*
10h20 = ξACHARA U TULT*
7h25 = SABξA U TULT U KHAMSE
5h30 = KHAMSE U NOSS*
12h35 = TNAξCH U NOSS U KHAMSE
3h40 = ARBAξA ILLA* TULT
9h45 = ξACHARA ILLA RUBAξ
11h50 = TNAξCH ILLA ξACHARA
2h55 = TLETE ILLA KHAMSE

RUBAξ* = Literalmente "um quarto" = 15 minutos
TULT* = Literalmente "um terço" = 20 minutos
NOSS* = Literalmente "meia" = 30 minutos
ILLA* = menos

Atenção! A leitura das horas em árabe é feita até o "12". Se você precisa dizer "às 9 da noite" (ou seja, 21h, no Brasil), dirá: AL SĒξA TESξA BIL LAIL.

Outro exemplo:

Eu vou chegar às 10h30 (22h30).
ANA RĀḤ ASAL AL SĒξA ξACHARA U NOSS BIL LAIL.

Vamos praticar!

EXERCÍCIO 74

Diga as horas em árabe:

1) 3h = ____________________
2) 5h10 = ____________________
3) 9h15 = ____________________
4) 4h30 = ____________________
5) 6h45 = ____________________
6) 10h50 = ____________________
7) 12h20 = ____________________
8) 19h40 = ____________________
9) 20h = ____________________
10) 5h55 = ____________________

EXERCÍCIO 75

Dê respostas completas em árabe às seguintes perguntas:

1) AIIA SĒξA INTA BTFI> AL AḤAD? (A que horas você acorda no domingo?)

____

2) AIIA SĒξA INTA BTRUḤξ AL CHOGHIL? (A que horas você vai ao trabalho?)

____

3) AIIA SĒξA INTA BTETGHADDA? (A que horas você almoça?)

____

4) INTA BTNĀM BAKKIR? (Você dorme cedo?)

---

5) AIIA SĒξA INTA RĀḤ TSĀFIR? (A que horas você vai viajar?)

Agora, confira suas respostas com as sugestões de respostas no final do livro. Leia tudo em voz alta, mais de uma vez, até ficar fluente!

Lição 18

Fale usando a forma comparativa e superlativa dos adjetivos

Nesta lição você vai praticar como formular frases comparando dois ou mais objetos, pessoas, lugares etc. No comparativo, dizemos: "Fatush é mais gostoso que tabule". E no superlativo: "Maqlube é a comida mais gostosa da culinária árabe". Mas antes, vamos ver como os adjetivos árabes ficam na forma comparativa:

ADJETIVOS	COMPARATIVOS
TAUIL – alto	ATUAL – mais alto
ASĪR – baixo	A>SAR – mais baixo
NĀSEḤ – gordo	ANSAḤ – mais gordo
DAξĪF – magro	ADξAF – mais magro
TAIIB – gostoso	ATIAB – mais gostoso
JDID – novo	AJDAD – mais novo
ξATI> – velho	AξTA> – mais velho
KBĪR – grande	AKBAR – maior
ZGHĪR – pequeno	AZGHAR – menor
ERKHĪS – barato	ARKHAS – mais barato
GHĀLI – caro	AGHLA – mais caro
FA>ĪR – pobre	AF>AR – mais pobre
GHANI – rico	AGHNA – mais rico
SAξB – difícil	ASξAB – mais difícil
HAIIN – fácil	AHUIN – mais fácil
SOKHEN – quente	ASKHAN – mais quente
BĀRID – frio	ABRAD – mais frio
ḤELU – bonito	AḤLA – mais bonito
JAMIL – bonito/belo	AJMAL – mais bonito/mais belo
BICHξ –feio	ABCHAξ – mais feio
R>I> –fino	ARA> – mais fino
SMĪK – grosso	ASMAK – mais grosso

NDĪF – limpo	ANDAF – mais limpo
UOSEKH – sujo	AUSAKH – mais sujo
GHĀMI> – escuro	AGHMA – mais escuro
FĀTEḤ – claro	AFTAḤ – mais claro
TH>ĪL – pesado	ATH>AL – mais pesado
KHAFIF – leve	AKHAF – mais leve
ZAKI – inteligente	AZKA – mais inteligente
ḤMAR – burro	AḤMAR – mais burro
MUHIM – importante	AHAM – mais importante
MNIḤ – bom	AḤSAN – melhor
BAKKIR – cedo	ABKAR – mais cedo
BASĪT – simples	ABSAT – mais simples
BAξĪD – longe	ABξAD – mais longe
ARĪB – perto	A>RAB – mais perto
SAξĪD – feliz	ASξAD – mais feliz
ḤAZIN – triste	AḤZAN – mais triste
LAZĪZ – delicioso	ALAZ – mais delicioso
MUMIL – chato	MUMIL AKTAR – mais chato
MUMTIξ – interessante	MUMTIξ AKTAR– mais interessante
SAII> – ruim	ASUA> – pior
MACH-HŪR – famoso	ACH-HAR – mais famoso
>AUI – forte	A>UA – mais forte
DAξĪF – fraco	ADξAF – mais fraco
MAZBUT – correto	AZBAT – mais correto
CHAHI – saboroso (delicioso)	ACH-HA – mais saboroso
LA>ĪS – tarde (atrasado)	AL>AS – mais tarde
HĀDI> – calmo	AHDA> – mais calmo
CHUJĀξ – corajoso	ACHJAξ – mais corajoso
JABĀN – covarde	JABĀN AKTAR – mais covarde
MU>MIN – crente (com fé/que acredita)	A>MAN – mais crente
ZAξLĀN – zangado	ZAξLĀN AKTAR – mais zangado
LA>ĪM – cruel	AL>AM – mais cruel
ξARĪDH – largo	AξRADH – mais largo
DAII> – estreito	ADIA> – mais estreito
NĀJIḤ – bem-sucedido	ANJAḤ – mais bem-sucedido

KHITR – perigoso	AKHTAR – mais perigoso
AMĪN – seguro	A>MAN – mais seguro
KHAJŪL – tímido	AKHJAL – mais tímido
FAKHŪR – orgulhoso	FAKHŪR AKTAR – mais orgulhoso
ḤAI – vívido (cheio de energia)	ḤAI AKTAR – mais vívido
ANĪQ – elegante	ANIQ AKTAR – mais elegante
QADĪM – antigo	AQDAM – mais antigo
KTIR – muito	AKTAR – mais
>ALĪL – pouco	>A>AL – menos
MAḶĀN – cheio	MALĀN AKTAR – mais cheio
FĀDHI – vazio	FADHI AKTAR – mais vazio
NĀCHIF – seco	ANCHAF – mais seco
MBALAL – úmido (molhado)	MBALAL AKTAR – mais úmido
MJALID – congelado	MJALID AKTAR – mais congelado
SARĪξ – rápido (veloz)	ASRAξ – mais rápido
BATĪ> – lento	ABTA> – mais lento

Ouça e repita todas as palavras (faixa 35).

I. COMPARATIVO

Importante! Nas frases comparativas são duas coisas, pessoas, lugares etc. que estão sendo comparados. Ou seja, A > B.

Exemplos:

a) Falar é mais importante que escrever.
EḤKI AHAM MIN EKTOB.

b) Esta loja é mais barata que aquela.
HEDA AL MAḤAL ARKHAS MIN HADEK.

c) O Uruguai é menor que a Argentina.
AL URUGUAI AZGHAR MIN AL ARGENTIN.

Então o formato árabe das frases comparativas é:
X + (adjetivo comparativo) + MIN + Y.

II. SUPERLATIVO

Nas frases superlativas – diferentemente das comparativas, em que há apenas duas coisas sendo comparadas –, há um grupo de no mínimo três coisas, e desse grupo quer se dizer qual é "a mais".

Então,

A > B C D E F...

Exemplos:

a) Esta é a loja mais barata da cidade.
HEDA ARKHAS MAḤAL BIL BALAD.

b) Angelina é a atriz mais bonita de Hollywood.
Angelina AJMAL MUMATHILI BIL Hollywood.

Portanto, o formato árabe das frases superlativas é:

X + (adjetivo comparativo) + (substantivo) + (o grupo do qual se está falando).

Importante! Você percebeu que para fazer frases superlativas precisa saber o substantivo do qual se está tratando (loja, atriz, comida etc.). Porém, quando não souber, pode substituir o substantivo pela palavra "CHI". CHI literalmente significa "algo"/"coisa", mas nas frases superlativas toma o lugar do que se está falando.

Analise os seguintes exemplos:

a) Carlos Slim é o homem mais rico do mundo.
Carlos Slim AGHNA RAJUL BIL ξĀLAM.
ou

Carlos Slim AGHNA CHI BIL ξĀLAM.

b) Guaraná é o refrigerante mais gostoso.
Guarana ATIAB KAZUZA.
ou
Guarana ATIAB CHI.

EXERCÍCIO 76

Traduza para o árabe:

1) Dubai é mais famosa que Beirute.

____

2) O Egito é o país árabe mais famoso.

____

3) A casa deles é mais antiga que a nossa.

____

4) Salvador é a cidade mais antiga do Brasil.

____

5) Ferrari é o carro mais rápido do mundo.

____

6) Eu falo mais rápido que ele.

____

7) Este prédio é mais alto que aquele.

____

8) Estou mais orgulhoso que seu pai!

____

9) Eles têm o restaurante mais bem-sucedido da cidade.

____

10) Meu irmão é mais forte que eu.

____

11) Agosto é o pior mês do ano para o comércio.

____

12) Hoje é o dia mais feliz da minha vida!

____

13) Ela estava mais zangada que a noiva.

14) Amazonas é o rio mais largo do mundo.

15) Viajar de carro é o mais perigoso.

EXERCÍCIO 77

Dê respostas completas em árabe às seguintes perguntas:

1) MINN ATUAL, INTA AU BAIAK? (Quem é mais alto, você ou seu pai?)

2) AIIA ATIAB MATξAM BI BALADAK? (Qual é o restaurante mais gostoso da sua cidade?)

3) CHU AKBAR DAULE BILξ ĀLAM? (Qual é o maior país do mundo?)

4) INTA BTFI> ABKAR AL TANAIN? (Você acorda mais cedo na segunda?)

5) CHU INTA BTḤOB TEKOL AKTAR, Pizza AU Lasanha? (O que você gosta mais de comer, pizza ou lasanha?)

6) MIN ATUAL CHAKHS BI ξAILTAK? (Quem é a pessoa mais alta na sua família?)

7) AIIA MADINE ACH-HAR CHI BIL ξĀLAM? (Qual cidade é a mais famosa do mundo?)

8) ESKUN BI CHA>A A>MAN MIN ESKUN BI BAIT? (Morar num apartamento é mais seguro que morar numa casa?)

9) CHU AξLA BINEII BIL ξĀLAM? (Qual é o prédio mais alto do mundo?)

____

10) AL KITĀBA AL ξARABIA ASξAB MIN AL ḤAKI? (A escrita árabe é mais difícil que a fala?)

____

Agora, confira suas respostas com as sugestões de respostas no final do livro. Leia tudo em voz alta, mais de uma vez, até ficar fluente!

EXERCÍCIO 78

Transforme os seguintes adjetivos em comparativos.

Exemplo:
GHALI (caro) → AGHLA.

1) BĀRID (frio) → ______________________________
2) JAMĪL (bonito) → ______________________________
3) NDĪF (limpo) → ______________________________
4) MALĀN (cheio) → ______________________________
5) BAξĪD (longe) → ______________________________
6) HAIIN (fácil) → ______________________________
7) JDĪD (novo) → ______________________________
8) NĀSEḤ (gordo) → ______________________________
9) HADI (calmo) → ______________________________
10) SAξĪD (feliz) → ______________________________
11) KBĪR (grande) → ______________________________
12) ZGHĪR (pequeno) → ______________________________
13) ERKHIS (barato) → ______________________________
14) BATI> (lento) → ______________________________
15) UĀTI (baixo) → ______________________________

Lição 19
Fale usando substantivos no plural

Nesta lição você vai aprender como formar o plural de substantivos em árabe. Antes, há algo muito importante que você precisa saber: em árabe, após o número dez (10) o substantivo volta a sua forma singular. Explicando melhor com exemplos:

1 árvore = CHAJARA
5 Árvores = KHAMS CHAJARĀT, sendo "CHAJARĀT" o plural de árvore
7 árvores = SABAξ CHAJARĀT
10 árvores = ξACHAR CHAJARĀT

Agora do "11 árvores" em diante:

11 árvores = ḤDAξCH CHAJARA (daqui em diante o substantivo volta ao singular)
35 árvores = KHAMSE U TLETĪN CHAJARA
1 000 árvores = ALF CHAJARA

Então o plural dos substantivos em árabe é usado na contagem entre o 3 e o 10.

Opa! E o 2??

Para dizer 2 coisas em árabe, existe algo chamado "dual". Dual é a flexão gramatical que indica "um par de", ou seja, "dois". Em árabe o "dual" é feito com o acréscimo do sufixo "AIN".

Exemplos:

a) 1 casa = BAIT
   2 casas = BAITAIN

b) 1 professor = ISTĀZ
2 professores = ISTĀZAIN

c) 1 dólar = DULAR
2 dólares = DULARAIN

Se a palavra for feminina, como SAIĀRA (carro) ou ξAILE (família), é necessário tirar a última letra (A ou E) e colocar "T" antes de acrescentar o sufixo "AIN". Então:

a) 1 carro = SAIĀRA
2 carros = SAIĀRTAIN

b) 1 família = ξAILE
2 famílias = ξAILTAIN

Reforçando! Em árabe, temos o singular, o dual e o plural. Não que o dual não seja plural, afinal são 2, mas não se diz "dois carros" (literalmente). E usamos o substantivo, na forma plural, apenas entre o 3 e o 10.

Preste atenção nesta tabela:

1 dólar	= DULĀR	(um)
2 dólares	= DULĀRAIN	(dois → dual)
3 dólares	= TLET DULARĀT	Substantivo no plural (de 3 a 10)
4 dólares	= ARBAξ DULARĀT	
5 dólares	= KHAMS DULARĀT	
(...)	(...)	
10 dólares	= ξACHAR DULARĀT	
11 dólares	= ḤDAξCHAR DULAR	Substantivo no singular
12 dólares	= TNAξCHAR DULAR	
13 dólares	= TLETAξCHAR DULAR	
50 dólares	= KHAMSĪN DULAR	
1000 dólares	= ALF DULAR	

I. PLURAL DE SUBSTANTIVOS FEMININOS

Em árabe quase todas as palavras terminadas em "A" ou "E" são femininas. E o plural delas é feito com o acréscimo do sufixo ĀT, após tirar o "A" ou "E" do final da palavra.

Exemplos:

SAIĀRA (carro) → SAIARĀT (carros)
ξAILE (família) → ξAILĀT (famílias)
CHAJARA (árvore) → CHAJARĀT (árvores)
TAIĀRA (avião) → TAIARĀT (aviões)
JAIBE (bolso) → JAIBĀT (bolsos)

Ouça e repita todas as palavras (faixa 36):

Essa regra, de acrescentar "AT" para substantivos femininos em árabe, funciona para 95% das palavras. As outras 5% são irregulares, e são aprendidas na prática. Entre elas, temos:

BINT (menina) →BANĀT (meninas)

UMM (mãe) → UMMAHĀT (mães)

UKHT (irmã) → AKHAUĀT (irmãs)
MARA (mulher) → NISĀ> ou NISUĀN (mulheres)

II. PLURAL DOS SUBSTANTIVOS MASCULINOS

Em árabe, o plural dos substantivos masculinos não é tão simples. Aproximadamente 10% das palavras masculinas se encaixam em uma regra que podemos chamá-los de "regulares" e os outros 90% são "irregulares". Você deve estar pensando: "Como assim?! Se são só 10% (minoria), não são estes os irregulares?!". Pois é... agora vem o resto da explicação:

Dentre os 90% irregulares há dez categorias diferentes!

Portanto, lhe digo, com a experiência de quem aprendeu a falar árabe primeiro em casa até os 12 anos e só depois em colégios no Líbano:

Só na prática se aprende os substantivos árabes no plural. Aliás, não é incomum ouvir falantes nativos da língua árabe tropeçando no plural; como em português, que às vezes alguém fala "cidadões" ou "guardas-chuvas", em vez de "cidadãos" e "guarda-chuvas".

A seguir, um exemplo de cada padrão dos irregulares:

1. UALAD (criança) → AULĀD (crianças)
2. BAIT (casa) → BUIŪT (casas)
3. KITĀB (livro) → KUTUB (livros)
4. JABAL (montanha) → JIBĀL (montanhas)
5. NAHER (rio) → AN-HUR (rios)
6. SAFĪR (embaixador) → SUFARĀ> (embaixadores)
7. SADĪQ (amigo) → ASDIQĀ> (amigos)
8. BALAD (país) → BULDĀN (países)
9. MADRASE (escola) → MADĀRIS (escolas)
10. MUFTĀḤ (chave) → MAFĀTIḤ (chaves)

Ouça e repita todas as palavras (faixa 37):

O plural regular em árabe é feito com o acréscimo do sufixo "ĪN".

Exemplos:

BAIĀξ (vendedor) → BAIĀξIN (vendedores)
TABĀKH (cozinheiro) → TABĀKHĪN (cozinheiros)

Observação: geralmente esse plural (ĪN) é aplicado a profissões.

EXERCÍCIO 79

Sabendo que em árabe livro é KITĀB e livros é KUTUB, como dizer em árabe:

a) 1 livro: ______

b) 2 livros: ______

c) 3 livros: ______

d) 5 livros: ______

e) 7 livros: ______

f) 10 livros: ______

g) 11 livros: ______

h) 20 livros: ______

i) 75 livros: ______

j) 1 550 livros: ______

EXERCÍCIO 80

Traduza para o português:

1) ANA RĀḤ ECHTERI 4 KANZĀT JDIDI.

______

2) HUE AKAL TUFAḤTAIN AL SOBEḤ.

______

3) HAU AL MAFATIḤ MICH ELI.

______

4) HINNI ξENDUN BINTAIN.

______

5) HADOUK AL DAFATIR ILAK?

______

6) AL MUHANDISĪN BIECHTEGHILU ḤATA AL SĒξA TMENI.

______

7) AL RIĀḤ RĀḤ TKUN KTĪR >AUII BUKRA.

______

8) IBNA ξOMRU 5 ACH-HUR.

9) AL AGHNĪA> DĀ>IMAN BIECHTERU AKTAR.

10) LA MINN HADOUK AL CHAḤATĀT?

11) ḤOT HEDA AL SANDŪQ FAU> HADOUK AL SANĀDIQ.

12) AL JAZĀDIN KĀNU BIL DURJ.

13) AL CHAUĀRIξ KTĪR ḤELUIN HAUNĪK.

14) FI 3 TALAFUNĀT BIL BAIT.

EXERCÍCIO 81

Ache o substantivo plural de cada um dos seguintes substantivos no singular:

a) KANZI (camiseta)
b) KURSI (cadeira)
c) MAḤAL (loja)
d) KHAT (linha)
e) RA>AM (número)
f) KĀSI (copo)
g) UDA (quarto)
h) SENI (ano)
i) USBAξ (dedo)
j) DAULI (país)

( ) UAD
( ) MAḤALĀT
( ) DUAL
( ) KHTŪT

(   ) KANZĀT
(   ) ASĀBIξ
(   ) KARĀSI
(   ) AR>ĀM
(   ) SNĪN
(   ) KASĀT

Lição 20

Fale sobre direções

Nesta lição você vai aprender a pedir e a informar direções, tanto em ambientes internos, em aeroportos, hotéis, shoppings etc., como na rua.

I. PRIMEIRO, ALGUMAS PERGUNTAS ÚTEIS SOBRE O TEMA:

UAIN? – Onde
UAIN AL...? – Onde é/fica o/a...?
KIF BRUḤ ξAL...? – Como vou a...?
KIF BASAL ξAL...? – Como chego a...?
KIF FINI ASAL ξAL...? – Como posso chegar a...?
MIN FADLAK, BTAξRIF UAIN AL...? – Por gentileza, sabe onde é...?
FI SAIDALIA >ARIB MIN HAUN? – Há uma farmácia perto daqui?
UAIN A>RAB MATξAM? – Onde fica o restaurante mais próximo?
FINI RUḤ MÁCHI? – Posso ir a pé?
LĀZIM EKHOD TAXI? – Tenho que pegar táxi?
MIN FADLAK, UAIN AL ḤAMMĀM? – Por gentileza, onde é o banheiro?
MIN HAUN? – Por aqui?
HAUN AU HAUNIK? – Aqui ou lá?
BI AI ITIJĀH? – Em qual direção?
CHU AL MASĀFA? – Qual é a distância?
MAUJUD BIL INTERNET? – Está na internet?
BI AIIA MAUQIξ? – Em qual site?
UAIN LĀZIM ENZIL? – Onde devo descer?

Agora ouça a faixa 38 e repita tudo em voz alta!

II. VERBOS (JÁ NO IMPERATIVO) E OUTRAS PALAVRAS RELACIONADAS A DIREÇÕES:

RUḤ – vá
MCHI – ande
KHOD – pegue
KHOD AL IAMĪN – pegue a direita
KHOD AL CHMĀL – pegue a esquerda
LOF – vire
LOF ξAL IAMĪN – vire à direita
LOF ξAL CHMĀL – vire à esquerda
IASĀR – esquerda (o mesmo que CHMĀL)
RUḤ DUGHRI – vá direto
ξALA TŪL – reto/“toda vida reto”
CHI MITAIN METER – uns duzentos metros
CHARQ – leste
GHARB – oeste
CHIMĀL – norte
JUNUB – sul
MICH KTĪR BAξĪD – não é muito longe
CHUAI BAξĪD – um pouco longe
>ARĪB – perto
QARĪB – perto (o mesmo que >ARĪB)
AUIL BĀB – primeira porta
ĀKHIR BĀB – última porta
MADKHAL – entrada
MAKHRAJ – saída
KHARITA – mapa
MAKĀN – lugar
MATRAḤA – lugar (o mesmo que MAKĀN)
INTERNET – internet
MAUQIξ ILIKTRUNI – site
MAUQIξ BIL INTERNET – site na internet
ITIJAHĀT – direções
FI UĀHAD BARRA – tem um fora
FI UĀHAD BIL UDA – tem um no quarto

JU-UA – dentro
BADDI ENZIL HAUN – quero descer aqui
ICHĀRA – placa
ICHARĀT – placas
ICHARIT AL SAIR – placa de trânsito ou semáforo
MAMNUξ AL DUKHUL – proibida a entrada
MASMUḤ AL DUKHUL – permitida a entrada

Ouça e repita todas as palavras (faixa 39):

EXERCÍCIO 82

Traduza para o árabe:

1) Olá! Por gentileza, onde é o banheiro?

___

2) Bom dia! Você sabe onde fica o restaurante, por favor?

___

3) Onde posso pegar um táxi?

___

4) Tenho que virar à direita ou à esquerda?

___

5) Eu não entendi, depois do semáforo devo fazer o quê?

___

6) Vá uns 300 metros e vire à direita.

___

7) Segunda rua à esquerda.

___

8) Onde é a saída?

___

9) O escritório é a terceira porta após a recepção.

___

10) As direções se encontram no site?

___

11) Este lugar fica no sul da cidade.

12) O aeroporto fica ao norte.

13) Eles moram no leste da França.

14) Infelizmente há muitos problemas no Oriente Médio.

15) Eles têm uma casa no sul do Líbano.

16) Preste atenção às placas.

17) O que quer dizer esta placa?

18) Pegue a sua direita e siga em frente.

19) Siga as placas.

20) Tem uma placa igual a esta lá.

Apêndice 1
Transcrição fonética

O alfabeto árabe é composto de 28 letras. A maioria delas são similares e produzem o mesmo som de algumas letras do alfabeto português. Exemplos dessas letras: B, D, F, J, M, N etc.

Outras emitem sons que não existem em português, mas aparecem em outras línguas como a letra simbolizada neste livro por KH que é muito parecida com o "J" em espanhol, em «hijo», ou o "CH" em «ich», em alemão.

Como o propósito deste livro é ensinar a falar e a entender o árabe coloquial, não será necessário que você saiba as 28 letras, até porque algumas têm sons tão parecidos entre si, que até alguns árabes ficam sujeitos à confusão quando escrevem palavras com elas – um exemplo semelhante em português são as palavras com "s", "ç", "s" ou "sc", que muitas vezes suscitam dúvidas quanto a ortografia certa.

A seguir, as letras e símbolos das transcrições com exemplos para você treinar sua pronúncia:

Ā, Ī, Ū: o risco em cima da letra indica que o som dela deve ser esticado, quer dizer, pronunciado por mais tempo.

Exemplos:

SUBBĀT – sapato
TAI ĀRA – avião
AS ĪR – baixo
ARĪB – perto
BIDŪN – sem
LAIMŪN – laranja

TH: similar ao som do "th" em «think» em inglês. Coloque a ponta da língua entre os dentes e assopre. É um som bem suave, sem vibração.

Exemplos:

THIĀB – roupas
THALEJ – neve
THAUR – touro
THANAIN – segunda-feira
THUM – alho
TIMTHĀL – estátua

Ḥ: (agá com ponto) é uma pronúncia suave, que sai da base da garganta sem vibração.

Exemplos:

ḤAIĀT – vida
ḤELU – bonito/doce
ḤALĪB – leite
LAḤEM – carne
SABĀḤ – manhã
MELEḤ – sal
ḤOB – gosta
SAḤ – certo

H: (agá sem ponto) similar ao som de "h" em «help» em inglês, ou ao "rr" do português em «carro».

Exemplos:

HAUA – ar
HUE – ele
MUHIM – importante
HEDA – este
HDEII – presente

KH: som forte, sai da base da garganta e é bastante vibrado. Parece com "j" do espanhol em «hijo» ou "ch" do alemão em «ich» porém mais forte, mais arranhado.

Exemplos:

KHOBEZ – pão
KHARŪF – carneiro
BAKHŪR – incenso
KHAIĀT – costureiro
KHĀLID – imortal
UKHT – irmã
AKHBĀR – notícia
KHAMR – bebida alcoólica

ξ: é uma letra/som que só existe em árabe! A única dica útil que possa ajudá-lo a entender como é o som, é dizer que parece muito com o som emitido por uma pessoa que está começando a vomitar! É isso mesmo! O som é feito no fundo da garganta, bem gutural.

Exemplos
ξASFUR – passarinho
ξAIN – olho
TAξBĀN – cansado
JUξĀN – com fome
MAξLŪM – com certeza
ξĪD – festa/festival
ξĀLAM – mundo

>: este símbolo não chega a ser um som/letra, mas sim uma parada/corte na palavra.

Exemplos:

LA> – não
TARĪ> – estudar

>OS – cortar
LU>LU – pérola
MU>LIM – dolorido

Importante! Em algumas regiões de certos países árabes, ao invés da parada vocálica (explicada acima), ouve-se o som de «Q» em algumas palavras.

Exemplos:

FAQĪR ao invés de FA>ĪR (pobre)
BAQARA ao invés de BA>ARA (vaca)
MQAS ao invés de M>AS (tesoura)

GH: parecido com KH (visto acima), porém, mais fraco. Lembra muito o som de um gargarejo.

Exemplos:

GHĀLI – carro
GHARĪB – estranho
GHANI – riso
GHAIM – nuvem
LUGHA – língua/idioma

DH: Similar ao som do «th» em «brother» ou em « this» em inglês. Para emitir o som desta letra, coloque a ponta da língua entre os dentes e assopre de maneira que haja uma vibração. Não pode ser suave como o «th» em «think», mas vibrado como em «those» em inglês.

Exemplos:

DHURA – milho
DHĪB – lobo
DHŪ> – experimentar (sabor)

Importante! Alguns árabes, devido ao regionalismo, pronunciam «DH» simplesmente como um «D». Portanto, é comum ouvir no meio das falas «DURA», «DĪB» e «DŪ».

Apêndice 2
Lista de verbos

TRADUÇÃO	RAIZ		INFINITIVO
ABRAÇAR	EξBOT	3 sil	ξABATA
ABRIR	EFTAḨ	3 sil	FATAḨA
ACHAR	LE>I	2 sil	LA>A
ACEITAR	E>BAL	3 sil	E>BILA
ACONTECER	EḨSAL	3 sil	ḨASALA
ACORDAR	FI>	1L 1C	FĀ>A
ACOSTUMAR	ETξAUAD	3sil	TξAUADA
ACREDITAR	SADDI>	3 sil	SADDA>A
ACUSAR	ETTEHEM	3 sil	TAHAMA
ADIVINHAR	EḨZIR	3 sil	ḨAZARA
AGRADECER	ECHKUR	3sil	CHAKARA
AJUDAR	SĀξID	3 sil	SAξADA
ALERTAR	NABBIH	3 sil	NABBAHA
ALMOÇAR	ETGHADDA	2 sil	TGHADDA
ALUGAR	ESTA>JIR	3 sil	STA>JARA
AMAR	ḨOB	2 sil	ḨABBA
AMASSAR	JAξLIK	3 sil	JAξLAKA
AMEAÇAR	HADID	3 sil	HADADA
APAGAR (a luz)	ETFI	2 sil	TAFA
APAGAR (a escrita)	MAḨḨI	2 sil	MAḨḨA
APERTAR	CHOD	2 sil	CHADDA
APRENDER	ETξALLAM	3 sil	TξALLAMA
APOIAR	EDξAM	3 sil	DAξAMA
APOSTAR	RĀHIN	3 sil	RAHANA
ASSAR	ECHUI	2 sil	CHAUA
ASSINAR	EMDI	2 sil	MADA
ASSOBIAR	SAUFIR	3 sil	SAUFARA
ASSOPRAR	ENFOKH	3 sil	NAFAKHA
ATRASAR	ET>AKHAR	3 sil	T>AKHARA
BATER	EDRIB	3 sil	DARABA
BATER	DU>	2 sil	DA>A

BEBER	ECHRAB	3 sil	CHARIBA
BEIJAR	BŪS	1L 1C	BĀSA
BRIGAR	ETĀ>TAL	3 sil	T>ATALA
BRINCAR (também jogar)	ELξAB	3 sil	LAξIBA
CAÇAR	ETSAIAD	3 sil	TSAIADA
CAMINHAR	EMCHI	3 sil	MACHA
CANTAR	GHANNI	2 sil	GHANNA
CASAR	ETJAUAZ	3 sil	TJAUAZA
CHAMAR	ξAIT	3 sil	ξAIATA
CHEIRAR	CHOM	2 sil	CHAMMA
CHORAR	EBKI	2 sil	BAKA
COÇAR	ḤOK	2 sil	ḤAKKA
COLAR	LAZZI>	3 sil	LAZZA>A
COLOCAR	ḤOT	2 sil	ḤATTA
COMEÇAR	BALLISH	3 sil	BALLASHA
COMER	EKOL	3 sil	AKALA
COMPLETAR	KAMMIL	3 sil	KAMMALA
COMPRAR	ECHTERI	2 sil	CHTARA
CONFESSAR	EξTERIF	3 sil	ξTARAFA
CONHECER	AξRIF	3 sil	ξARIFA
CONSERTAR	SALLEḤ	3 sil	SALLAḤA
CONSTRUIR	ξAMMIR	3 sil	ξAMMARA
CONTAR (quantidade)	ξOD	2 sil	ξADDA
CONTRIBUIR	SĀHIM	3 sil	SAHAMA
CONVERSAR	ET-ḤADDATH	3 sil	T-ḤADDATHA
CONVIDAR	EξZIM	3 sil	ξAZAMA
COPIAR	EN>UL	3 sil	NA>ALA
CORRER	ERKOD	3 sil	RAKADA
CORTAR	>OS	2 sil	>ASA
COZINHAR	ETBOKH	3 sil	TABAKHA
CRITICAR	ETNA>AD	3 sil	TNA>ADDA
CUMPRIMENTAR	SALLEM	3 sil	SALLAMA
CURAR	ECHFI	2 sil	CHAFA
CUSPIR	EBZI>	3 sil	BAZA>A

DANÇAR	ER>OS	3 sil	RA>ASA
DAR À LUZ	KHALLIF	3 sil	KHALLAFA
DECIDIR	>ARIR	3 sil	>ARARA
DEFECAR	CHOKH	2 sil	CHAKHA
DEFENDER	DĀFIξ	3 sil	DAFAξA
DEIXAR (permitir)	KHALLI	2 sil	KHALLA
DEIXAR (largar)	ETRIK	3 sil	TARAKA
DESCANSAR	ERTEḤ	3 sil	ERTAḤA
DESCER	ENZIL	3 sil	NAZALA
DESCOBRIR	EKTECHIF	3 sil	KTACHAFA
DESCONTAR	EKHSOM	3 sil	KHASAMA
DESEJAR	ETMANNA	2 sil	TMANNA
DESENHAR	ERSUM	3 sil	RASAMA
DESISTIR	BATTIL	3 sil	BATTALA
DIRIGIR	SU>	1L 1C	SĀ>A
DISCUTIR	NĀQICH	3 sil	NAQACHA
DIVIDIR	E>SIM	1L 1C	>ASAMA
DIZER	>UL	1L 1C	>ĀLA
DOER	IUJAξ	3 sil	UAJAξA
DORMIR	NAM	1L 1C	NĀMA
ECONOMIZAR	UAFFIR	3 sil	UAFFARA
EMAGRECER	EDξAF	3 sil	DAξAFA
EMPRESTAR	ξIR	1L 1C	ξĀRA
ENCOMENDAR	UASSI	2 sil	UASSA
ENGANAR	GHOSH	2 sil	GHASHA
ENGOLIR	EBLAξ	3 sil	BALAξA
ENGORDAR	ENSAḤ	3 sil	NASAḤA
ENROLAR, embrulhar	LOF	2 sil	LAFFA
ENSINAR	ξALLIM	3 sil	ξALLAMA
ENTENDER	EFHAM	3 sil	FAHIMA
ENTRAR	FUT	1L 1C	FĀTA
ENVIAR	ERSIL	3 sil	RASALA
ERRAR	EGHLAT	3 sil	GHALATA
ESCOLHER	NA>I	2 sil	NA>A
ESCORREGAR	ETZAḤLA>	3 sil	TZAḤLA>A

ESCOVAR	MACHIT	3 sil	MACHATA
ESCREVER	EKTOB	3 sil	KATABA
ESFRIAR	EBRUD	3 sil	BARADA
ESPERAR	ESTANNA	2 sil	STANNA
ESPERAR (esperança)	ETMANNA	2 sil	TMANNA
ESQUECER	ENSA	2 sil	NASSA
ESQUENTAR	ESKHUN	3 sil	SAKHANA
ESTUDAR	EDRUS	3 sil	DARASA
EXPERIMENTAR (roupas)	>IS	1L 1C	>ĀSA
EXPERIMENTAR (o gosto)	DHU>	1L 1C	DHĀ>A
EXPLODIR	FAJJIR	3 sil	FAJJARA
FABRICAR	ESNAξ	3 sil	SANAξA
FALAR	EḤKI	2 sil	ḤAKA
FAZER	AξMIL	3 sil	ξAMILA
FECHAR	SAKKIR	3 sil	SAKKARA
FERVER	EGHLI	2 sil	GHALA
FICAR	DAL	2 sil	DALLA
FICAR BÊBADO	ESKAR	3 sil	SAKARA
FICAR GRIPADO	RACHIḤ	3 sil	RACHAḤA
FICAR QUIETO	ESKUT	3 sil	SAKATA
FRITAR	E>LI	2 sil	>ALA
FUGIR	EHRUB	3 sil	HARABA
FUMAR	DAKHIN	3 sil	DAKHANA
GANHAR (também vencer)	ERBAḤ	3 sil	RABIḤA
GASTAR	ESRIF	3 sil	SARAFA
GRITAR	SARRIKH	3 sil	SARRAKHA
GUARDAR (no seu lugar)	DHUB	2 sil	DHABBA
GUARDAR	KHABBI	2 sil	KHABBA
IMAGINAR	TKHAIAL	3 sil	TKHAIALA
IMPRIMIR	ETBAξ		TABAξA
INFORMAR	KHABBIR	3 sil	KHABBARA

IR	RUḤ	1L 1C	RĀḤA
IR EMBORA (partir)	FIL	2 sil	FALLA
JANTAR	ETξACHA	2 sil	TξACHA
JEJUAR	SUM	1L 1C	SĀMA
JOGAR (arremessar)	ZIT	2 sil	ZATTA
JUNTAR	EJMAξ	3 sil	JAMAξA
JURAR	EḤLIF	3 sil	ḤALAFA
LAVAR LOUÇA	EJLI	2 sil	JALA
LEMBRAR	ETZAKKAR	3 sil	TZAKKARA
LER	E>RA	2 sil	>ARA
LEVANTAR	>UM	1L 1C	>ĀMA
LEVAR	EKHOD	3 sil	AKHADA
MACHUCAR	EJRAḤ	3 sil	JARAḤA
MASTIGAR	EξLIK	3 sil	ξALAKA
MATAR	E>TUL	3 sil	>ATALA
MENTIR	EKZIB	3 sil	KAZABA
MERECER	ESTEHIL	3 sil	STAHALA
MEXER	ḤARRIK	3 sil	ḤARRAKA
MORAR	ESKUN	1L 1C	SAKANA
MORDER	ξODH	2 sil	ξADHA
MORRER	MŪT	1L 1C	MĀTA
MOSTRAR	FARJI	2 sil	FARJA
MUDAR	GHAIIR	3 sil	GHAIARA
NADAR	ETSABAḤ	3 sil	TSABAḤA
NECESSITAR	EḤTAJ	3 sil	EḤTAJA
NEGAR	ENFI	2 sil	NAFA
NOIVAR	EKHTUB	3 sil	KHATABA
OBSERVAR	RĀ>IB	3 sil	RA>ABA
ODIAR	EKRAH	3 sil	KARAHA
OFERECER	EξRUD	3 sil	ξARADA
OUVIR	ESMAξ	3 sil	SAMIξA
PAGAR	EDFAξ	3 sil	DAFAξA
PARAR	UA>IF	3 sil	UA>AFA

PARECER-SE (com alguém)	ECHBAH	3 sil	CHABIHA
PARTICIPAR	SHĀRIK	3 sil	SHARAKA
PASSAR (creme/pano)	EMSAḤ	3 sil	MASAḤA
PASSEAR	CHOM AL HAUA	2 sil	CHAMA AL HAUA
PASSEAR DE CARRO	KAZDIR	3 sil	KAZDARA
PEDIR	ETLUB	3 sil	TALABA
PEGAR	EKHOD	3 sil	AKHADA
PEGAR, segurar	EMSIK	3 sil	MASAKA
PEIDAR	DARRIT	3 sil	DARRATA
PENSAR	FAKKIR	3 sil	FAKKARA
PENTEAR	MACHIT	3 sil	MACHATA
PERDOAR	SAMIḤ	3 sil	SAMAḤA
PERGUNTAR	ES>AL	3 sil	SA>ALA
PERMITIR	ESMAḤ	3 sil	SAMAḤA
PINTAR	ED-HAN	3 sil	DAHANA
PISAR	EDξAS	3 sil	DAξASA
PRATICAR	MĀRIS	3 sil	MARASA
PREFERIR	FADDIL	3 sil	FADDALA
PRESENTEAR	EHDI	2 sil	HADA
PROCURAR	DAUIR	3 sil	DAUARA
PRODUZIR	ENTUJ	3 sil	NATAJA
PROTEJER	EḤMI	2 sil	ḤAMA
PUBLICAR	ENCHUR	3 sil	NACHARA
PULAR	FIZ	2 sil	FAZZA
QUEBRAR	EKSIR	3 sil	KASARA
QUERER	RID	1L 1C	RĀDA
RASGAR	EKHZI>	3 sil	KHAZA>A
RABISCAR	KHARTICH	3 sil	KHARTACHA
RECEBER	E>BAD	3 sil	>ABADA
RECHEAR	EḤCHI	2 sil	ḤACHA
RECLAMAR	ECHTEKI	2 sil	CHTAKA
RESPEITAR	EḤTERIM	3 sil	ḤTARAMA
RESPONDER	JĀUIB	3 sil	JAUABA

REZAR	SALLI	2 sil	SALLA
RIR	ED-ḤAK	3 sil	DAḤAKA
RISCAR	ECHTOB	3 sil	CHATABA
RIR	ED-ḤAK	3 sil	DAḤAKA
ROUBAR	ESRU>	3 sil	SARA>A
SABER	AξRIF	3 sil	ξARIFA
SAIR	ED-HAR	3 sil	DAHARA
SECAR	NACHIF	3 sil	NACHAFA
SENTAR	E>ξOD	3 sil	>AξADA
SENTIR	ḤESS	2 sil	ḤASSA
SOFRER	ETξADDAB	3 sil	TξADDABA
SONHAR	EḤLAM	3 sil	ḤALAMA
SORRIR	ED-ḤAK	3 sil	DAḤAKA
SUBIR	ETLAξ	3 sil	TALAξA
TELEFONAR	TALFIN	3 sil	TALFANA
TENTAR	JARRIB	3 sil	JARRABA
TERMINAR	KHALLIS	3 sil	KHALASA
TIRAR	CHIL	1L 1C	CHĀLA
TIRAR (a roupa/despir-se)	ECHLAḤ		CHALAḤA
TOMAR BANHO	ETḤAMMAM	3 sil	TḤAMMAMA
TOMAR CAFÉ DA MANHÃ	ETRAUA>	3 sil	TRAUA>A
TRABALHAR	ECHTEGHEL	3 sil	CHTAGHALA
TRADUZIR	TARJIM	3 sil	TARJAMA
TRAZER	JIB	1L 1C	JĀBA
URINAR	ZAN>IḤ	3 sil	ZAN>AḤA
USAR	ESTAξMIL	3 sil	STAξMALA
VARRER	KANNIS	3 sil	KANNASA
VENDER	BIξ	1L 1C	BĀξA
VER	CHUF	1L 1C	CHĀFA
VESTIR	ELBIS	3 sil	LABISA
VIAJAR	SAFIR	3 sil	SAFARA
VIR	EJI	1L 1C	JĀ>A
VISITAR	ZUR	1L 1C	ZĀRA
VIVER	ξICH	1L 1C	ξĀCHA

VOAR	TĪR	1L 1C	TĀRA
VOLTAR	ERJAξ	3 sil	RAJIξA
VOMITAR	EDFO>	3 sil	DAFA>A
ZOAR (alguém)	EMZAḪ	3 sil	MAZAḪA
ZOMBAR	ETMASKHAR	3 sil	TMASKHARA
XINGAR	CHA>Iξ	3 sil	CHA>AξA

Respostas dos Exercícios

LIÇÃO 1 – INFORMAÇÕES PESSOAIS

EXERCÍCIO 1

1) ISMI AL KĀMIL NAGIB ḤUSSAIN CHAMS.
2) ISMI NAGIB.
3) LA>, ANA NAGIB.
4) MABSUT, AL HAMDULLILAH, U INTA?
5) TAMĀM (Perfeito).
6) KULU TAMĀM! (Tudo está perfeito).
7) MNIḤA ALḤAMDILLA.
8) MÁCHI! (Indo!/Bem!).
9) 40 SENI.
10) BI 27 CHA-HER 3.
11) ANA MIN Curitiba.
12) ANA MIN LUBNĀN.
13) ANA TABĪB (Eu sou médico).
14) ANA MHANDIS ξAMĀR (Eu sou engenheiro civil).
15) ANA MITJAUIZ.
16) LA>, ANA AξZIB.
17) LA>, LESSA LA> (Não, ainda não).
18) BIL ALFAIN U ξACHARA.
19) BI Foz do Iguaçu.
20) SAKIN MAξ AHLI BI São Paulo (Moro com meus pais em São Paulo).
21) ξINUĀNI CHĀRIξ Almirante Barroso RA>AM 170.
22) Ê, CHI 15 SENI.
23) BECHTEGHIL BIL MUSTACHFA (Hospital).
24) Ê, ξENDI KHAI U UKHT.
25) ISMUN Nasser U Amira.
26) BCHUFUN MARRA BIL CHA-HER (Os vejo uma vez por mês).
27) RA>AMI 99101-7075.
28) professorjihad@hotmail.com
29) BḤOB ED-HAR MAξ ξAILTI (Gosto de sair com minha família).

30) AL AḤAD BRUḤ ZUR AHLI (Domingo vou visitar meus pais).
31) Ê, KTIR, KHUSUSAN AL SABT (Sim, muito, especialmente no sábado).
32) BḤOB EKOL FASULIIE, ROZ U LAḤEM (Gosto de comer feijão, arroz e carne).
33) AHUI MAξ ḤALIB (Café com leite).
34) LA>, ANA BETξACHA BAξD AL SEξA TMENI (Não, eu janto após as 8h).
35) Ê, BḤOB E>RA AL JARIDE. (Sim, gosto de ler o jornal).
36) Ê, BELξAB TENIS MARRA BIL USBUξ (Sim, jogo tênis uma vez por semana).
37) ANA KHLE>ET BI BAIRUT.
38) BAII ξARABI, UMMI BRAZILIIE.
39) BḤOB ESMAξ KUL CHI! (Tudo!).
40) BURJI AL THAUR (Touro).
41) KAN ξENDI, HALLA LA> (Tinha, agora não).
42) LA>, AL BAIT ELI (Não, a casa é minha).
43) TA>RIBAN CHI 45 SĀξA. (Aprox. umas 45 horas)
44) E, LAKIN ANA KHLE>ET BIL BRAZIL.
45) Ê, ANA MASIḤI / MUSLIM / IAHUDI / BUDHI (Sim, sou cristão, muçulmano, judeu, budista).
46) LA>, ANA MA ξENDI DĪN (Não, eu não tenho religião).
47) MARRĀT (Às vezes).
48) AIIAM AL USBUξÊ, AL SABT U AL AḤAD LA> (Dias da semana sim, no sábado e domingo não).
49) LA>, ANA DĀ>IMAN BNAM BAKKIR.
50) ξENDI Samsung Alpha.
51) E, BAξRIF CHUAI.
52) LA> MA BAξRIF SU>!

EXERCÍCIO 2

Olá! Eu me chamo Tarek, tenho 43 anos, sou casado e tenho três filhos. Minha mulher se chama Sarah e tem 38 anos. Nós temos uma loja de roupas. Eu e meu filho mais velho trabalhamos lá. Minha mulher é engenheira, trabalha num escritório. Nós moramos num apartamento muito bonito. Há um shopping grande perto de nossa casa. Vamos lá todas as semanas, almoçamos, jantamos ou apenas olhamos as lojas. Às vezes vamos ao cinema também. Minha origem é do Líbano, vim para o Brasil há 20 anos. Morava num vilarejo pequeno numa região chamada Bekaa Al Gharbi, no Líbano. Minha esposa nasceu aqui, no Brasil. Nós nos conhecemos quando estávamos na universidade. Nossos filhos se chamam Amir, Isabela e Maya. As idades deles são 18, 15 e 9. Amir estuda engenharia à noite e me ajuda na loja de manhã. As meninas estudam de manhã. Nós gostamos de viajar. Uma vez por ano vamos à praia e ficamos lá uma ou duas semanas. Se for perto, vamos de carro, se for longe, viajamos de avião. Meus pais moram no Líbano. Eu falo com eles duas vezes por semana e os visito uma vez cada dois anos. Eles estão contentes lá e nós estamos contentes aqui.

EXERCÍCIO 3

Respostas pessoais.

LIÇÃO 2 – CUMPRIMENTOS E SAUDAÇÕES

EXERCÍCIO 4

1) AHLAN! SABAḤ AL NUR!
2) AHLAN! MASA AL NUR!
3) AHLAN! LAILE SAξĪDI!
4) U INTU BKHAIR!
5) U ξALAIKUM AL SĀLAM!
6) AHLAN!
7) AHLAN! NHARAK SAξĪD!
8) MAξ AL SALĀM!
9) AL CHARAF ILNA!
10) TCHARAFNA!
11) ALLAH MAξAK!
12) BADDI SĀLĀMTAK!
13) INCHALLAH!
14) CHUKRAN!
15) ξ AFUAN!

16) TFADDAL!
17) MAξALAI CHI!
18) ALLAH IBĀRIK FIK!
19) SAḤḤA!
20) ALLAH IAξFIK!
21) ξ A ALBAK!
22) ALLAH IENξAM ξALAIK!
23) ALLAH IENξAM ξALAIK!
24) ALLAH IEḤFADAK!
25) ALLAH ISALMAK!
26) ALLAH ISALMAK!
27) ALLAH ISALMAK!
28) INCHALLAH!
29) IERḤAM AL JAMĪ ξ
30) OξBEL LA ξENDAK!
31) IERZI> AL JAMĪξ!
32) ALLAH ISAMIḤ AL JAMĪ ξ
33) ANA MABSUT, AL ḤAMDULILĀH!
34) MNIḤ, AL ḤAMDILLAH!
35) MÁCHI AL ḤAL.
36) ALḤAMDULILLĀH, U INTA?
37) BKHAIR!
38) TAMĀM!
39) KUAIIS!
40) CHUKRAN! ALLA IET>AHAL FIK!
41) ALLAH IET>AHAL FIK!

LIÇÃO 3 – SENTIMENTOS E PALAVRAS RELACIONADAS A PERSONALIDADE

EXERCÍCIO 5

1) LAICH INTA MISTAξJIL?
2) HINNI MITNADIMĪN… KĀN LAZIM IECHTERU AL KBĪR.
3) HIE KANET KTĪR KHĀIFI.
4) IBNU CHUAI KHAJLĀN.

5) BAIAK RĀḤ IKUN KTĪR FAKHUR MINNAK!
6) ANA MA RUḤT, MA KUNT MIRTĀḤ, RUḤT NĀM BAKKIR.
7) LAICH INTA MICH MUNDAHISH?
8) HEDA AL UADAξ KTĪR TAξĪS.
9) ANA KUNT KTĪR QALQĀN MBĀRIḤ.
10) MARTU KĀNET KTĪR MINZIξIJI.
11) ANA MITḤAIIR, MA BAξRIF CHU LĀZIM AξMIL.
12) HIE KTĪR MITRADIDI, U BADDA AKTAR UAQT LA TFAKKIR.
13) NAḤNA KTĪR MITFĀ>ILIN, INCHALLAH RĀḤ NKHALLIS ABL AL SĀξA SETTI.
14) LAICH INTA DĀ>IMAN MITCHĀ>IM?
15) HUE MAKSUF MIN AL ISTĀZ AL JDĪD.

EXERCÍCIO 6

1) JAUZA KTĪR ξANĪD.
2) INTA MA LĀZIM TKUN HAIK, ANĀNI.
3) JUDDI INSĀN KTĪR SABŪR.
4) HINNI KĀNU KTĪR KASLĀNIN BIL MADRASE.
5) HUE MA BIESRIF CHI BIL ξOTLI, HUE KTĪR BAKHIL.
6) BINTUN KTĪR M>ADABI, BTSALLIM ξAL KUL.
7) AL MUDĪR RAJUL ξĀQIL, MA RAḤ IKUN FI MUCHKLI.
8) HIE KTĪR GHANII, MA ḤADA BI>UL, HIE KTĪR MITUADξA.
9) HUE RĀḤ LAḤĀLU BIL LAIL. HUE CHUJĀξ.
10) INTA ξABQARI!

LIÇÃO 4 – USANDO O TEMPO PRESENTE

EXERCÍCIO 7

1)

ANA	BAξMIL
INTA	BTAξMIL
INTI	BTAξMILI
HUE	BIAξMIL
HIE	BTAξMIL
NAḤNA	MNAξMIL
INTU	BTAξMILU
HINNI	BIAξMILU

2)

ANA	BAξRIF	SU>
INTA	BTAξRIF	TSU>
INTI	BTAξRIFI	TSU>I
HUE	BIAξRIF	ISU>
HIE	BTAξRIF	TSU>
NAḤNA	MNAξRIF	NSU>
INTU	BTAξRIFU	TSU>U
HINNI	BIAξRIFU	ISU>U

EXERCÍCIO 8

1) ANA BETξALLAM ξARABI LAḤĀLI.
2) INTA BTGHANNI KTĪR MNIḤ.
3) INTI BTḤOBI TEDRUSI MAξNA?
4) HUE BIECHTERI THIĀB KUL CHA-HER.
5) HIE MA BTAξRIF TEKTOB MNIḤ ξARABE.
6) NAḤNA MNFADDIL NRUḤ AL SOBEḤ.
7) INTU BTDALLU BIL BAIT AL AḤAD?
8) HINNI MA BIBIξU AKEL ξARABI.

EXERCÍCIO 9

1) BIEDRUS
2) BIḤOBU IEKOLU

3) BIEJI
4) MNETSAIAD
5) BTEḤTĀJ TECHTERI
6) BTFI>U
7) BTCHUF
8) BFAKKIR ESRIF
9) BTESMAξI
10) BTRUḤ

EXERCÍCIO 10

1) ANA BECHRAB ḤALIB U AHUI.
2) BFI> ABL AL SĀξA SABξA.
3) ANA BḤOB EKOL AKEL IABĀNI.
4) LA> HUE BIECHTEGHIL LAḤĀLU.
5) BIL SŪQ, ARIB MIN AL BAIT.
6) Ê, HIE ξM BTEDRUS MAξ AL ISTĀZ Jihad!
7) LA>, BAS BIL LAIL.
8) LA> ANA BETξACHA BAξD AL SEξA SABξA.
9) Ê, MNESTAξMIL KTĪR.
10) ANA BZUR AHLI MARTAIN BIL CHA-HER.
11) Ê, ANA BADDI SĀFIR ξA BAIRUT.

EXERCÍCIO 11

1) INTA BTEḤKI INGLIZI?
2) INTA BTETBOKH AKEL ξARABI?
3) CHU BTJIB MAξAK?
4) UAIN INTU BTEDFAξU AL ḤISĀB?
5) CHU BTAξMILU BIL LAIL?
6) INTA BTAξRIF CHU ISMA?
7) UAIN HINNI BIECHTEGHILU?
8) INTA TAξBĀN HALLA?
9) ḤABAIT AL AKEL BIL MATξAM?
10) AMTI INTA BTERJAξ MIN HAUNIK?

LIÇÃO 5 – USANDO O TEMPO PASSADO

EXERCÍCIO 12

PRONOME	VERBO
ANA	DALAIT
INTA	DALAIT
INTI	DALAITI
HUE	DAL
HIE	DALIT
NAḤNA	DALAINA
INTU	DALAITU
HINNI	DALU

PRONOME	VERBO
ANA	KATABT
INTA	KATABT
INTI	KATABTI
HUE	KATAB
HIE	KATABIT
NAḤNA	KATABNA
INTU	KATABTU
HINNI	KATABU

PRONOME	VERBO
ANA	>ULT
INTA	>ULT
INTI	>ULTI
HUE	>ĀL
HIE	>ĀLIT
NAḤNA	>ULNA
INTU	>ULTU
HINNI	>ĀLU

EXERCÍCIO 13

1) ANA FALAIT BAKKIR LA>INU KUNT KTĪR TAξBĀN.
2) UAIN HINNI ξAMILU AL ξORS?
3) HIE MA CHTARIT AL SAIĀRA, HIE MA ḤABIT AL LAUN.
4) INTI >ASAITI CHAξRIK HEDA AL USBUξ?
5) NAḤNA DAHANNA BAITNA SENI AL MĀDI.
6) CHU INTU TξALLAMTU HAUNIK?
7) HUE, MA JĀB AL JAUĀZ AL SAFAR.
8) INTU RUḤTU LAḤĀLKUN AU HUE RĀḤ KAMĀN?

EXERCÍCIO 14

1) CHUFNA
2) DARASIT
3) AKALU – CHARIBU
4) NADDAFTU
5) NASAḤT
6) KATAB
7) BIξTI
8) NĀMT
9) STA>JARU
10) FATAḤT

EXERCÍCIO 15

1) INTA CHTARAIT AL KITĀB CHA-HER AL MĀDI?
2) INTA HAKAIT MAξ Tarek MBĀRIḤ?
3) CHU TABAKHTU MABARIḤ?
4) CHU HINNI TALABU?
5) MINN DAHAN AL BAIT?
6) KAM SENI HINNI ξĀCHU HAUNIK?
7) AMTI HIE MĀTIT?
8) LAICH MA ξAZAMT KTĪR NĀS?
9) HINNI TJAUAZU HAUN BIL BRAZIL?
10) KIF RUḤTU?

EXERCÍCIO 16

1) FI>T AL SEξA TMENI U NOSS.

2) LA>, TGHADDAINA BIL MATξAM.
3) HINNI LAξIBU Futbol BIL MALξAB ARĪB MIN HAUN.
4) ANA BALLACHT BIL CHA-HER TLETE.
5) Ê, HUE ξTARAF BIL KUL CHI.
6) NAḤNA ξAMMARNA UARA AL JĀMIξ.
7) LA>INU MA KAN ξENDA MASĀRI, KĀN LĀZIM TECHTEGHIL.
8) Ê, STANNAINA AKTAR MIN NOS SĀξA.
9) Ê, DHU>T! KTĪR TAIIB!
10) BIL ḤAMMĀM.

LIÇÃO 6 – USANDO O TEMPO FUTURO

EXERCÍCIO 17

ANA	RĀḤ	EKTOB
INTA	RĀḤ	TEKTOB
INTI	RĀḤ	TEKTOBI
HUE	RĀḤ	IEKTOB
HIE	RĀḤ	TEKTOB
NAḤNA	RĀḤ	NEKTOB
INTU	RĀḤ	TEKTOBU
HINNI	RĀḤ	IEKTOBU

ANA	RĀḤ	FAKKIR
INTA	RĀḤ	TFAKKIR
INTI	RĀḤ	TFAKKIRI
HUE	RĀḤ	IFAKKIR
HIE	RĀḤ	TFAKKIR
NAḤNA	RĀḤ	NFAKKIR
INTU	RĀḤ	TFAKKIRU
HINNI	RĀḤ	IFAKKIRU

EXERCÍCIO 18

1) INTA RĀḤ TEḤKI MAξUN BUKRA?
2) ANA RĀḤ ETBOKH AL AḤAD AL JEII.
3) HIE MA RĀḤ TFIL BAKKIR.
4) NAḤNA RĀḤ NESTA>JIR BAIT JDID HAUNIK.
5) HUE MA RĀḤ IAξMIL CHI BIL LAIL.
6) INTU RĀḤ TESTAξMILU AL KITĀB BUKRA?
7) INTI RĀḤ TFI>I ABKAR AL JUMξA?
8) HINNI RĀḤ IDALU BIL BAITNA USBUξ AL JEII.

EXERCÍCIO 19

1) RĀḤ TEJI
2) RĀḤ IξALLIM
3) RĀḤ T>ULLU
4) RĀḤ NETξACHA
5) RĀḤ KHALLIS
6) RĀḤ ISĀFIRU
7) RĀḤ TRUḤI
8) RĀḤ TNADDIF
9) RĀḤ TDALLU
10) RĀḤ NELξAB

EXERCÍCIO 20

1) Ê, ANA RĀḤ ECHTERI BIL Internet.
2) RĀḤ BALLISH AL SEξA SABξA U NOSS.
3) RĀḤ NSĀFIR AL TALETA AL JEII.
4) LA>, NAḤNA RĀḤ NECHTERI.
5) Ê, ANA RĀḤ CHUF AL FILEM MAξUN.
6) ANA MA BAξRIF… IEMKIN AL SEξA ξACHARA.
7) KHAMSTAξCH LIAUM.
8) RĀḤ EDFAξ BIL BANEK.
9) ANA ξM BFAKKIR EξZIM ξECHRIN.
10) LA>, SENI AL JEII.

EXERCÍCIO 21

1) INTA RĀḤ TSĀFIR MAξNA?

2) INTA RĀḤ TBALLISH AL TANAIN?
3) AMTI INTA RĀḤ TCHUFU?
4) UAIN HINNI RĀḤ IEFTAḤU AL MATξAM?
5) INTA RĀḤ TETḤAMMAM HALLA?
6) INTA RĀḤ TBIξ SAIĀRTAK?
7) AMTI HUE RĀḤ ITALFIN?
8) KAM MARRA BIL USBUξ INTA BTEDRUS ξARABI?
9) AMTI INTA RĀḤ TEJI?
10) INTA RĀḤ TECHRAB QAHUA?

LIÇÃO 7 – USANDO O GERÚNDIO (PRESENTE/PASSADO/FUTURO)

EXERCÍCIO 22

1) ANA KUNT ξM BSU> LAMMA HIE TALFANIT.
2) CHU INTA ξM BTAξMIL HALLA?
3) HUE RĀḤ IKUN ξM BIEDRUS BI LUBNĀN SENI AL JEII.
4) NAḤNA MA ξM MNERBAḤ CHI.
5) INTU KUNTU ξM BTEḤKU MAξ AL ISTĀZ MBĀRIḤ AL SOBEḤ?
6) INTI RĀḤ TKUNI ξM BTEKTOBI MNIḤ ĀKHIR AL SENI.
7) HIE MA KANET ξM BTESMAξ AL ḤADĪTH.
8) HINNI ξM BIETξACHU HALLA, BAξDAIN MNEḤKI MAξUN.

EXERCÍCIO 23

1) ξM BTESMAξU.
2) KAN ξM BIZUR.
3) RĀḤ NKUN ξM MNξALLIM.
4) ξM B>UL.
5) KAN ξM BIξAMMIR.
6) KANET ξM BTETBOKH.
7) RĀḤ TKUNI ξM BTAξMILI.
8) KUNT ξM BTESTANNA.
9) KUNT ξM BCHĪL.
10) RĀḤ IKUN ξM BIEḤKI.

EXERCÍCIO 24

1) ANA KUNT ξM BE>RA KITĀB.
2) Ê, ξM BECHRAB CHAI, BADDAK CHUAI?
3) LA>, AL SABT ANA RĀḪ KUN ξM BEDRUS ξARABI BIL MADRASI.
4) HIE KĀNET ξM BTETBOKH FASULIIE U ROZ.
5) Ê, HUE U IMMI RĀḪ IKUNU BI BAITI USBUξ AL JEII.
6) HINNI ξM BIECHTERU BAIT HAUNIK.
7) KUNNA ξM MNEḪKI ξAN AL CHOGHIL.
8) BIL ḪAFLE BUKRA.
9) LA>, HUE MA KAN BIL MADRASE.
10) LA>INU IBNA SAFAR U RĀḪ IDAL BI LUBNĀN SENI U NOSS.

EXERCÍCIO 25

1) CHU ξM BTEKOL?
2) CHU KUNT ξM BTECHTERI HAUNIK?
3) KIF INTU KUNTU ξM BTEḪKU MAξA?
4) UAIN RĀḪ TKUNU AL SABT BIL LAIL?
5) HIE ξM BTSUM HEDA AL SENI?

LIÇÃO 8 – USANDO O TEMPO PRETÉRITO IMPERFEITO

EXERCÍCIO 26

ANA	KUNT	FAKKIR
INTA	KUNT	TFAKKIR
INTI	KUNTI	TFAKKIRI
HUE	KĀN	IFAKKIR
HIE	KĀNET	TFAKKIR
NAḪNA	KUNNA	NFAKKIR
INTU	KUNTU	TFAKKIRU
HINNI	KĀNU	IFAKKIRU

EXERCÍCIO 27

1) ANA KUNT ELBIS BANTALON JEANS KUL LIAUM.
2) INTA KUNT TMACHIT CHAξRAK ξAL NOS.
3) INTA KUNT TSĀFIR KUL CHA-HER?
4) HUE KAN IESMAξ KUL CHI UARA AL BĀB.
5) HIE MA KĀNET TEḤKI INGLIZI MNIḤ.
6) INTU KUNTU TNĀMU KTĪR LA>ĪS.
7) NAḤNA MA KUNNA NEKOL SALATA BIL LAIL.
8) HINNI KANU IBIξU ḤELU ξARABI.

EXERCÍCIO 28

1) KĀNU IEMCHU
2) KUNTU TESKUNU
3) KĀNET TEBKI
4) KUNTI TEDRUSI
5) KANET TSU>
6) KUNT KHALLI
7) KĀN IEKHOD
8) KUNT TECHTEGHIL
9) KUNNA NKANNIS
10) KUNT ZUR

EXERCÍCIO 29

1) Ê, KUNT ESKUN KTĪR ARĪB.
2) ANA KUNT EDRUS BIL Anglo.
3) LA>, HUE KAN IECHTEGHIL MIN AL TANAIN ILA AL JUMξA.
4) LA>, HIE KĀNET TETBOKH LIAUM Ê, LIAUM LA>.
5) ANA KUNT ḤOB CHUF “Thunder Cats”.
6) Ê, BAII KĀN IECHUI KUL AḤAD.
7) ANA KUNT ERBAḤ BAID CHOCOLATA.
8) Ê, ANA KUNT RUḤ KUL TANAIN.

EXERCÍCIO 30

1) INTA KUNT TEKHOD SANDUĪCH ξAL MADRASE?
2) INTA KUNT TES>AL KTĪR BIL MADRASE?

3) MINN KĀN IAξMIL KHOBEZ ξARABI?
4) UAIN HINNI KĀNU IDALU?
5) AMTI HUE KĀN IEJI?

LIÇÃO 9 – USANDO OS VERBOS ESPECIAIS (PRESENTE/PASSADO/FUTURO)

EXERCÍCIO 31

1) ANA RĀḤ IKUN BADDI
2) HUE KĀN ξENDU
3) NAḤNA FINA
4) RĀḤ IKUN FI
5) INTA LAZIM
6) INTU ξENDKUN
7) KĀN FI
8) ANA FINI
9) HIE KĀN BADDA
10) INTI RĀḤ IKUN FIKI

EXERCÍCIO 32

1) UKHTI ξENDA CHAξR TAUĪL.
2) HINNI KĀN ξENDUN MALḤAMI ARĪB MIN AL MASJID.
3) AL ISTĀZ RĀḤ IKUN ξENDU KTĪR MACHĀKIL MAξUN.
4) AHLI MA BADDUN ISĀFIRU HEDA AL SENI.
5) UAIN HIE KĀN BADDA TRUḤ AL SABT AL MĀDI?
6) ANA RĀḤ IKUN BADDI BAS MAI, CHUKRAN.
7) INTI FIKI TRUḤI MAξI?
8) IMMA MA KĀN FIHA TSĀFIR CHA-HER AL MĀDI.
9) INTU RĀḤ IKUN FIKUN TELξABU BIL MASBAḤ BUKRA.
10) ANA LĀZIM FIL HALLA!
11) CHU HIE KĀN LĀZIM TAξMIL?
12) NAḤNA RĀḤ IKUN LĀZIM NEḤKI MAξ AL MUDIR.
13) CHU FI TAḤT AL TAULE?
14) RĀḤ IKUN FI DARS AL JUMξA AL JEII, INTA RĀḤ IKUN FIK TRUḤ?

15) KĀN FI AKTAR MIN ALF CHAKHS HAUNIK!
16) CHU KĀN FI BI JUZDĀNA?
17) ANA MA FINI SĀFIR, MA ξENDI VISA.
18) JUDDI KĀN ξENDU VOLKS >ADIMI.
19) NAḨNA FINA, LĀKIN MA BADDNA...
20) KĀN FI CHAJARA KTĪR ḨELUI UARA BAITNA.

EXERCÍCIO 33

1) Ê, ANA ξENDI KHAI U UKHTAIN.
2) BADDI AHUI, BIDUN SUKKAR MIN FADDLAK.
3) LA>, MA FINNI, KTĪR BAξĪD.
4) KUL LIAUM ILLA AL AḨAD.
5) Ê FI SĀḨA KBIRI ARĪB MIN BAITI.
6) KĀN BADDNA Pizza, LĀKIN AL MATξAM KĀN MSAKKIR.
7) LA>, BAII KĀN ξENDU BAS CHAUĀRIB.
8) KAN LĀZIM NRUḨ ξAL SAFĀRA NAξMIL JAUĀZ AL SAFAR.
9) Ê, RĀḨ IKUN FI ξOTLI AL IRBAξA AL JEII.
10) LA>, ANA RĀḨ DAL BIL BAIT.

LIÇÃO 10 – USANDO OS VERBOS «SER» E «ESTAR» (PRESENTE/PASSADO/FUTURO)

EXERCÍCIO 34

1) INTI KUNTI BIL BAITUN MBĀRIḨ?
2) ISTĀZNA KĀN BI LUBNĀN SENI AL MĀDI.
3) UAIN KĀN AL MUFTĀḨ?
4) INTU KUNTU MITJAUIZIN?
5) AL RA>ĪS MA KAN GHANI.
6) NAḨNA KUNNA ASDIQĀ> BIL JĀMξA.
7) INTA KUNT HAUNIK MAξUN AU LAḨĀLAK?
8) CHU HEDA?
9) ANA MICH JUξĀN, BAS CHUAI ξATCHAN.
10) AHLAK MABSUTĪN?
11) NAḨNA MICH ZAξLĀNIN.
12) BAIA KTĪR MACH-HUR.

13) UAIN MAḤALUN?
14) NAḤNA RĀḤ NKUN UDDĀM AL Shopping.
15) KHAII RĀḤ ISIR ḤAKĪM SNĀN.
16) UAIN INTA RĀḤ TKUN AL TANAIN AL DOHER?
17) HIE ḤĀMIL! HIE RĀḤ TSĪR IMM!
18) INTU RĀḤ TKUNU HAUN BUKRA BAKKIR?
19) ANA MA RĀḤ KUN MACH-GHUL BAƸD AL SĒƸA KHAMSE.
20) HINNI RĀḤ ISĪRU RUF>ĀT.

EXERCÍCIO 35

1) KUNT BI BAIT Omar.
2) Ê, NAḤNA KUNNA HAUNIK AL SABT U AL AḤAD.
3) LA>, HUE KĀN ISTĀZ BIL MADRASE.
4) ANA KUNT HAUNIK AL SĒƸA TESƸA.
5) Ê, HUE KĀN MAƸI.
6) Ê, KTĪR!
7) LA>, MICH BAƸĪD, ANA BRUḤ MÁCHI.
8) LA>, AL BRAZIL AZGHAR.
9) LA>INU JAUZA SAFAR LAḤĀLU.
10) Ê, NAḤNA LĀZIM NECHTEGHIL KTĪR.
11) LA>, BAS AL DOHER.
12) ANA BFAKKIR Ê.
13) Ê, NAḤNA RĀḤ NKUN HAUNIK AL MASA.
14) LA>, ANA RĀḤ KUN BI BAITUN.
15) IEMKIN Ê.

EXERCÍCIO 36

1) KĀNU
2) RĀḤ KNUN
3) Ø
4) KANET ou Ø
5) KAN – KAN –Ø
6) Ø
7) Ø
8) KUNTU

9) RĀḤ IKUN
10) KUNT

EXERCÍCIO 37

1) ANA KUNT
2) ANA RĀḤ KUN
3) ANA Ø
4) INTI KUNTI
5) INTI RĀḤ TKUNI
6) INTI Ø
7) NAḤNA Ø
8) NAḤNA KUNNA
9) NAḤNA RĀḤ NKUN
10) HUE Ø
11) HUE KĀN
12) HUE RĀḤ IKUN

LIÇÃO 11 – USANDO PRONOMES INTERROGATIVOS E SIMILARES

EXERCÍCIO 38

1) UAIN BAITAK?
2) UAIN INTA BTECHTEGHIL?
3) UAIN INTU KUNTU MBĀRIḤ?
4) UAIN FINI ECHTERI KHOBEZ ξARABI?
5) UAIN FI SAIDALIIE ARIBI MIN HAUN?
6) UAIN RĀḤ TSĪR AL ḤAFLE?
7) KIF INTA BTRUḤ ξAL CHOGHIL?
8) KIF KĀN AL IJTIMAξ?
9) KIF BAIAK?
10) KIF HINNI RĀḤ ISĀFIRU?
11) KIF FINI SĀξIDAK?
12) KIF RĀḤ IKUN AL ISTI>BĀL?
13) KIF MAξMUL?
14) LAICH INTA MA KUNT HAUN AL SOBEḤ?

15) LAICH AL CHUBBĀK MAFTŪḤ?
16) LAICH HINNI ZAξLĀNIN?
17) LAICH INTA ξM BTξAIIT?
18) LAICH INTA BTEDRUS ξARABI?
19) LAICH HIE RĀḤIT LAḤĀLA?
20) LAICH INTU BADDKUN TRUḤU LAḤĀLKUN?
21) LAICH INTA BIξT SAIĀRTAK?
22) LAICH INTA LĀZIM TEḤKI MAξU LIAUM?
23) AMTI ξID MILĀDAK?
24) AMTI KĀNET AL ξOTLI?
25) AMTI INTA ξM BTEDRUS ξARABI?
26) AMTI INTA FIK TRUḤ MAξI?
27) AMTI HINNI RĀḤ IEJU?
28) AMTI AHLAK KĀNU HAUN?
29) AMTI INTA BADDAK TEḤKI MAξI?
30) AMTI RĀḤ IKUN AL AJR?
31) AMTI UKHTAK RĀḤ TETKHARRAJ?
32) AMTI INTA BALLACHT?
33) AMTI INTA CHTARAIT HEDA AL KITĀB?
34) KAM UKHUI INTA ξENDAK?
35) KAM LIUAM INTA DALAIT HAUNIK?
36) KAM DULĀR INTA SARAFT?
37) KAM SĒξA HINNI RĀḤ ISĀFIRU BIL TAIĀRA?
38) KAM BAIT FI BIL ḤAI?
39) KAM CHAKHS KAN FI HAUNIK?
40) KAM KITĀB HIE BAξIT?
41) KAM LIAUM INTA RĀḤ TDAL BIL URDUN?
42) KAM MARRA INTA ITTASALT?
43) KAM SAFḤA INTA E>RĪT?
44) KAM TUFFĀḤA INTA BADDAK?
45) ADDAICH?
46) ADDAICH HEDA?
47) ADDAICH ḤA>U?
48) ADDAICH ANA LĀZIM EDFAξ?
49) ADDAICH HIE DAFAξIT BIL SAIĀRA?
50) ADDAICH SUKKAR INTA BTEḤTĀJ?

51) KAM LITER ḤALĪB FI BIL BARRĀD?
52) KAM KILO LAḤEM INTA CHTARAIT?
53) KAM KURSI INTU RĀḤ TJIBU?
54) ADDAICH BANZIN / BITRŌL FI BIL SAIĀRA?
55) CHU HEDA?
56) CHU INTA BADDAK?
57) CHU FI BIL SANDUQ?
58) CHU HAU AL AURĀQ?
59) CHU HUE KAN BADDU MAξAK?
60) CHU RĀḤ NEKOL?
61) CHU INTA ξM BTAξMIL?
62) CHU INTA >ULT?
63) CHU HINNI KĀNU ξM BIECHRABU?
64) CHU ANA LĀZIM AξMIL HALLA?
65) CHU SĀR?
66) CHU FINA NAξMIL?
67) CHU INTA BTECHRAB AL SOBEḤ?
68) CHU KHAIIAK BIḤOB ICHUF BIL TALFAZION?
69) CHU AULĀDUN BIḤOBU IEKOLU?
70) CHU INTA LA>AIT TAḤT AL SAIĀRA?
71) CHU KĀN FI UARA AL BAIT?
72) CHU ξM BT>UL?
73) CHU INTA STAMξALT?
74) MINN HADEK AL RAJUL?
75) MINN BADDU MAI?
76) MINN ξM BIESMAξ AL RĀDIO?
77) MINN FIH IEDFAξ AKTAR?
78) MINN TALAB Pizza I>RAIDIS?
79) MINN RĀḤ IEKHOD AL AULĀD HAUNIK AL AḤAD AL SOBEḤ?
80) MINN ξM BIEKOL BIL UDA?
81) AIIA UAḤAD INTA BADDAK? AL AZRA> AU AL AḤMAR?
82) AIIA FUSTĀN HIE CHTARIT?
83) AIIA LIAUM INTA BTRUḤ ξAL KNISI?
84) AIIA CHA-HER FI AKTAR ḤARAKI?
85) BI AIIA MAḤAL ξM BIBIξU MAξ TLETĪN BIL MIIE KHASM?

86) AIIA MOBAIL AGHLA, AL IPHONE AU AL SAMSUNG?
87) AIIA CHI, FINI TALFINLAK?
88) KUL ADDAICH INTA BTEDRUS ξARABI?
89) KUL ADDAICH INTU BTZURU JUDDKUN?
90) KUL ADDAICH HIE BTNADDIF AL BAIT?
91) KUL ADDAICH INTA RĀḤ TETDARRAB?
92) KUL ADDAICH INTA BTCHUF AL AKHBĀR?
93) KUL ADDAICH FI SIR>A BIL BALAD?
94) KUL ADDAICH NAḤNA LĀZIM NEGHSIL AL >ĀLI?
95) AIIA SĒξA INTA ξĀDATAN BTFI>?
96) AIIA SĒξA HINNI RĀḤ IASALU?
97) AIIA SĒξA HIE ξENDA DARS?
98) AIIA SĒξA INTU BADDKUN TETξACHU?
99) AIIA SĒξA ANA LĀZIM FI> ?
100) AIIA SĒξA INTA BTERJA ξMIN AL CHOGHIL?
101) AIIA SĒξA INTA RUḤT TNĀM MBĀRIḤ?
102) AIIA SĒξA INTA ḤĀKAIT MAξA?
103) AIIA SĒξA INTA BAξAT AL e-mail?
104) ADDAICH AL SĒξA HALLA?
105) ADDAICH ξOMRAK?
106) ADDAICH ξOMRA IMMAK?
107) ADDAICH ξOMRUN?
108) ADDAICH KĀN ξOMRAK LAMMA SAKANT BI LUBNĀN?
109) ADDAICH KAN ξOMRU LAMMA TJAUAZ?
110) ADDAICH RĀḤ IKUN ξOMRAK LAMMA TKHALLIS AL JĀMξA?
111) MAξ MINN INTA RUḤT?
112) MAξ MINN HINNI RAḤ IECHTEGHILU?
113) MAξMINN HIE TJAUAZIT?
114) MAξMINN RĀḤ IKUNU AL KHAUĀTIM?
115) MAξMINN FINI EḤKI ξAN HAIDI AL MUCHKLI?
116) LA MINN INTA RĀḤ TALFIN?
117) LA MINN HINNI CHTARU HAIDIK AL HDEII?
118) LA MINN INTA BADDIK TAξTI AL TAULE?
119) LA MINN HAIDIK AL SAIĀRA?
120) LA MINN HAU AL AURĀQ?

121) LA MINN KANU HADOUK AL NADARĀT?
122) LA UAIN INTU BADDKUN TRUḤU LIAUM BIL LAIL?
123) LA UAIN HINNI RĀḤU MBĀRIH?
124) LA UAIN HUE RĀḤ ISĀFIR?
125) LA UAIN NAḤNA LĀZIM NEKHOD AL FARCH AL ξATI>?
126) LI>AIIA SABAB HUE MξASSIB?
127) CHU AL SABAB HINNI MA ḤABBU AL ξARD?
128) LI>AIIA SABAB INTA MA BADDAK TRUHı MAξNA?
129) CHU RA>AM BAITAK?
130) CHU RA>AM TALAFONAK?
131) CHU RA>AM IJRAK?
132) CHU KĀN RA>AMU?
133) CHU RĀḤ IKUN RA>AM AL CHA>A?
134) CHU SEξR HAIDI AL SAJĀDI?
135) CHU KĀN SEξRA?
136) CHU SEξR AL BITĀ>A?
137) CHU RĀḤ IKUN SEξR AL DUKHUL?

LIÇÃO 12 – COM CONJUNÇÕES

EXERCÍCIO 39

1) AL ISTĀZ U AL MUDĪR KANU BIL IJTIMAξ.
2) ANA CHTARAIT KAZUZA U BIRA BIL SUPER MARKET AMS.
3) BADDAK TRUḤ U TEḤKI MAξU?

EXERCÍCIO 40

1) AL MUFTAḤ HAUN AU BIL SAIĀRA?
2) ANA MA BETZAKKAR ISMU… HASSAN AU HUSSAIN?
3) BADDAK SUKKAR AU CRĪM?

EXERCÍCIO 41

1) ANA LĀZIM E>RA AL KITĀB, BAS MA ξENDI UA>T.
2) HIE RABIḤIT KANZI, BAS MA ḤABBIT AL LAUN.
3) HINNI ξM BISĀFIRU, BAS MA BAξRIF AMTI RĀḤ IERJAξU.

EXERCÍCIO 42

1) INTA FIK TECHTERI, LĀKIN MA T>ŪL ANA MA NABAHTAK.
2) HINNI EJU, LĀKIN MA BAξRIF ḤATTA AIIA SĒξA DALU HAUN.
3) MICH MAZBUT, LĀKIN MICH MAMNUξ.

EXERCÍCIO 43

1) HUE MA TALFAN MBĀRIḤ, ξACHĀN HAIK HIE KĀNET ZAξLĀNI.
2) HINNI MA BIAξRIFU IEḤKU ξARABI, ξACHĀN HAIK RUḤNA MAξUN.
3) ξACHĀN HAIK MA ḤADA BADDU IRUḤ.

EXERCÍCIO 44

1) HUE MA >ĀL CHI, IAξNI DAL SĀMIT.
2) ξMĪL IALLI BITLA>I AḤSAN, IAξNI AL >ARĀR ILAK.
3) AL IJTIMĀξ RĀḤ IKUN KTĪR MUHIM, IAξNI AL KUL LĀZIM IRUḤU.

EXERCÍCIO 45

1) IDA HINNI TALFANU, >UL ANA KTĪR MACHGHŪL LIAUM.
2) LAU KĀN MAFTUḤ, KUNNA AKALNA HAUNIK.
3) IDA ANA B>UL KUL CHI, HIE RĀḤ TEBKI.
4) LAU DALAINA BIL BAIT, KĀN AḤSAN.
5) HUE RĀḤ IFIL IDA MA LĀ>A GHURFI.
6) LAU BTAξRIF CHU SĀR!

EXERCÍCIO 46

1) HINNI KĀNU ξM BIETξACHU LAMMA ANA UASALT.
2) ANA KUNT ξM BECHTEGHIL LAMMA CHUFT AL ḤADITH.
3) NAḤNA RĀḤ NKUN BIL BAIT LAMMA HINNI IASALU.

EXERCÍCIO 47

1) ANA MA BADDI, ḤATTA LAU BALĀSH!

2) BAξDAIN ḤOTUN BIL BARRĀD, ḤATTA LAU SOKHENIN.

3) ḤATTA LAU UASALU MIT>AKHIRIN, NAḤNA RĀḤ NESTANNA.

EXERCÍCIO 48

1) HUE MA BADDU ISĀFIR, LA BIL BĀS UALA BIL TAIĀRA.

2) ANA MA BḤOB, LA AL JAZAR UALA AL CHAMANDAR.

3) HUE MA BĀξ, LA AL BAIT UALA AL SAIĀRA.

EXERCÍCIO 49

1) HUE TALFAN MARRTAIN BAINAMA INTA KUNT BARRA.

2) BAINAMA KUNNA HAUNIK, HUE KĀN KTIR MABSUT.

3) ANA KUNT ξM BEHKI BAINAMA HUE KĀN ξM BIḤARRIK BIL MOBAIL.

EXERCÍCIO 50

1) HINNI ξM BIELξABU BARRA, MAξ INNU ξM BTCHATTI.

2) MAξ INNU ANA BECHTEGHIL KTIR, MA ξENDI MASĀRI.

3) MAξ INNU AL MUCHKLI KBIRI, HINNI MITAFĀ>ILIN!

EXERCÍCIO 51

1) ANA RĀḤ SĀFIR BIL BĀS LA UAFFIR CHUAI.

2) HUE BIEDRUS BIL LAIL ξACHĀN IECHTEGHIL BIL NAHĀR.

3) HIE TILξIT ξAL KURSI LA TCHUF MIN KĀN UARA AL SAIĀRA.

EXERCÍCIO 52

1) INTA LĀZIM T>UL AL ḤAQIQA, UA ILLA RĀḤ IEḤBUSUK!

2) ANA RĀḤ DAL HAUNIK MAξUN, UA ILLA HUE RĀḤ IEZξAL.

3) MA T>UL CHI! UA ILLA BFIL!

EXERCÍCIO 53

1) RĀḤ NAξMIL AL ξACHA BIL BARANDA ILLA IDA CHATIT.

2) HIE RĀḤ TJIB KUL AL MAFĀTIḤ, ILLA IDA NASIT.
3) AL MATξAM BIEFTAḤ AL AḤAD KAMĀN, ILLA IDA KĀN ξOTLI.

LIÇÃO 13 – COM ADVÉRBIOS (TEMPO/MODO/LUGAR/AFIRMAÇÃO/NEGAÇÃO)

EXERCÍCIO 54

1) LAICH HUE BIEḤKI BISURξA?
2) ANA BEḤKI ξARABI MNIḤ.
3) HINNI BIECHTEGHILU SAUA.
4) BIL ḤA>I>A HIE KTĪR ḤELUI.
5) LILASAF MA FINI RUḤ.
6) ANA AKALT CHUAI, MA KUNT JUξĀN.
7) HUE BIEDRUS LAḤĀLU.
8) ANA BADDI RUḤ LAḤĀLI.
9) INTA RĀḤ TEDFAξ LAḤĀLAK?
10) HINNI BIAξMILU KUL CHI BIξINĀIA.

EXERCÍCIO 55

1) ANA DĀ>IMAN BECHRAB FUNJĀN >AHUI AL SOBEḤ.
2) MARRĀT HUE BITALFIN BIL LAIL.
3) ABADAN! ANA MA BḤOB EḤDAR FUTBOL.
4) HIE BT>OS CHAξRA MARTAIN BIL CHA-HER.
5) KUL MARRA HINNI BIJIBU CHI LA NEKOL.
6) CHI MARRA INTA SAFARTξ A LUBNĀN?
7) AḤIĀNAN BAS LAMMA MICH KTĪR TAξBĀN.

EXERCÍCIO 56

1) LAZIM FI> BAKKIR BUKRA.
2) HUE SAKAR AL BĀB U BAξDAIN RĀḤ INĀM.
3) ANA MA BEḤTĀJ CHI HALLA.
4) FI AL UA>T AL ḤĀLI HINNI AGHNA ACHKHĀS BIL BALAD.
5) LAICH INTA IRJIξIT LA>ĪS MBĀRIḤ?
6) LESSA MA ḤAKAIT MAξA.

7) BADDAK TEKOL ABL AU BAξD AL FILEM?
8) HUE TUAFA MUNDHU 11 SENI.
9) ANA RĀḤ KHALLIS AL JĀMξA ξAN ARĪB.
10) IDA ḤASAL CHI, FTĀḤ AL CHUBBĀK FAURAN!

EXERCÍCIO 57

1) HIE MA BTECHTEGHIL HAUN.
2) ANA CHTARAIT HAIDI AL SĀξA HAUNIK.
3) FINNA NETGHADDA BI AIIA MAKĀN.
4) HINNI BIELξABU ḤAULA AL BAIT.
5) INTU BADDKUN TETξACHU JUUA AU BARRA?

EXERCÍCIO 58

1) MIN AL MUḤTAMAL HINNI IASALU BAξD NOS AL LAIL.
2) NAξAM, ANA RĀḤ BIξ AL BAIT U RUḤξ A URUBA.
3) AKĪD HUE KAMĀN RĀḤ IKUN BADDU IDAL HAUNIK.
4) IEMKIN Ê, IEMKIN LA>…
5) BIDUN CHAK, ATIAB AKEL AKALT BI ḤAIĀTI.

LIÇÃO 14 – COM PREPOSIÇÕES

EXERCÍCIO 59

1) ANA BRUḤξ AL CHOGHIL MAξ KHAII.
2) HINNI BIECHTEGHILU BIDUN RUKHSA.
3) MA BADDI EḤKI ξAN AL MUCHKILA HALLA.
4) ANA MCHĪT MIN AL MADRASE ḤATTA AL MAU>IF AL BĀS.
5) HUE RĀḤ IAξMIL MUFĀJA>A LA MARTU.
6) CHU FI FAU> AL ξOLBI?
7) FI CHUAI ξASĪR BIL EBRĪ>.
8) FI UASAKH ξA >AMISAK.
9) HINNI BIESKUNU UDDĀM AL SAḤA.
10) ANA AξADT BAIN Amir U Tarek.

EXERCÍCIO 60

1) A chave está na bolsa dela.
2) Eu quero ir ao açougue com você.
3) Você não pode entrar sem identidade.
4) Sobre o que vocês estão falando?
5) O pai dela é da Alemanha.
6) Tenho que levar algo para meu avô.
7) O celular estava em cima da cama.
8) Liverpool vai jogar contra o Real Madrid.
9) Eles vivem através das doações.
10) Fique do meu lado.

LIÇÃO 15 – SOBRE COMIDAS E BEBIDAS

EXERCÍCIO 61

1) ANA BḤOB EKOL AKEL ξARABI.
2) ANA BFADDIL LAḤEM AL DJĀJ.
3) NAḤNA MNEKOL RUZ, FASULIIE U LAḤEM KUL LIAM.
4) AL SOBEḤ, ANA DĀ>IMAN BEKOL CHA>AFI KHOBEZ MAξ ZEBDI AU JEBNI.
5) CHU INTA BTECHRAB AL SOBEḤ?
6) ANA BḤOT ACHTA U KTĪR MAξ>UD, ANA BḤOB ḤELU.
7) NAḤNA MNECHTERI ZAITUN BI DUKENI ξARABII.
8) INTA BTḤOB SALATA MAξ KHAS, BANADURA U KHIĀR?
9) ANA MA BADDI Pizza MAξ BASAL.
10) ANA BECHRAB ξASĪR TUFFĀḤ AU ξENIB.
11) AL FAUĀKIH MICH GHĀLI BIL BRAZĪL.
12) INTA BTḤOB TECHRAB AHUI BĀRIDI?
13) ξ ASĪR CHU INTU ξENDKUN?
14) INTA BTFADDIL BAIDĀT ME>LII AU MASLU>A?
15) AL LAḤEM KĀN CHUAI NĀCHIF.
16) KUSA MEḤCHI SAḤEN MACH-HUR BI LUBNĀN.
17) CHTERI KILU LAḤEM MAFRŪM.
18) IALLAH NECHRAB FUNJĀN AHUI.
19) FI> ANINI ξASĪR DARRĀ> HAUNIK.

20) AL IBRĪ> MALĀN CHAI.
21) HUE CHTARA KĪS LAIMUN.
22) BADDAK CHA>FI GATÔ?
23) BADDI KUB MAI BĀRIDI, MIN FADLAK.
24) JĀT AL SALATA BIL BARRĀD.
25) HINNI BAS BIECHRABU ξASĪR TABIξI.
26) HUE MA BIECHRAB KHAMR.
27) ADDAICH KILU AL KARAZ?
28) BIL TABULE FI BI>DAUNIS, BANADURA, BASAL, NAξNAξ U SMĪD.
29) MUSLIMIN MA BIEKOLU LAḤEM KHANZĪR.
30) AL FAUĀKIH BIL SŪQ ARKHAS MIN BIL SUPER MARKET.

EXERCÍCIO 62

Há inúmeras alternativas de respostas a este exercício. A seguir algumas sugestões:

a)

KHAS	(Alface)
BANADURA	(Tomate)
KHIĀR	(Pepino)
BASAL	(Cebola)
THUM	(Alho)
FLAIFLI	(Pimentão)

b)

BATTIKH	(Melancia)
TUFFĀḤ	(Maça)
ξENIB	(Uva)
NJĀS	(Pêra)
MAUZ	(Banana)

c)

MAI	(Água)
>AHUI	(Café)
ḤALĪB	(Leite)

ξASĪR	(Suco)
KAZUZA	(Refrigerante)
CHAI	(Chá)

d)

TAIIB	(Gostoso)
TABĪξI	(Natural)
NAI	(Cru)
MAḤRU>	(Queimado)
>ĀSI	(Duro)
ḤELU	(Doce)

e)

KĀSI	(Copo)
JĀT	(Bacia)
KĪS	(Saco)
ANINI	(Garrafa)
KILU	(Quilo)
CHA>FI	(Pedaço)

f)

ḤOUMMUS	(Pasta de grão de bico)
LAḤEM	(Carne)
SAMAK	(Peixe)
BAIDĀT	(Ovos)
ROZ	(Arroz)
KHOBEZ	(Pão)
ZEBDI	(Manteiga)
ξASIL	(Mel)
JEBNI	(Queijo)
SUKKAR	(Açúcar)

LIÇÃO 16 – SOBRE VIAGENS E MEIOS DE TRANSPORTE

EXERCÍCIO 63

1) KIF INTA BTRUḤ ξAL CHOGHIL AL SOBEḤ?
2) ANA DĀ>IMAN BRUḤ BIL BĀS.
3) ANA BSU> KTĪR MNIḤ.
4) HIE BADDA TEKHOD TAXI.
5) FI METRO BI BALADAK?
6) HINNI SĀFARU BIL SAFINI.
7) MARRĀT ANA BEMCHI MIN AL JĀMξA ILA AL BAIT.
8) LAICH HUE ξM BIERKOD?
9) RUḤ TLETMIT MITER U BAξDAIN LUF ξAL IAMĪN.
10) RĀḤ UA>IF UARA AL SAIĀRA AL ḤAMRA.
11) HUE BIḤOB IERKAB AL MOTOCIKEL.
12) LAICH INTA ξM BTESRIξ HAIK?
13) LĀZIM ḤOT BANZĪN HALLA.
14) HIE BTZAMMIR KTĪR.
15) BADDAK TKAZDDIR MAξNA?
16) NAḤNA RĀḤ NCHUM AL HAUA BAξD AL GHADA.
17) AIIA SĒξA INTA BTETLAξ MIN HAUNĪK?
18) ANA RAḤ ASAL ABL AL SĒξA TMENI.
19) UAIN FINI ESTA>JIR SAIĀRA?
20) FI CHĀḤINA UDDĀMI.

EXERCÍCIO 64

1) LA>, MA ξENDI SAIĀRA, ANA ξENDI MOTOCIKEL.
2) Ê ANA BRUḤ BIL METRO U BERJAξ BIL BĀS.
3) Ê, FI MATĀR ZGHIR BI BALADI.
4) Ê, HIE BTAξRIF TSU> MNIḤ.
5) FIK TEKHOD TAXI UDDĀM AL SAIDALIA.
6) Ê, BḤOB EMCHI AL SOBEḤ U AL MASA.
7) LA>, BAS ξENDI SADĪQ BIRUḤ ξAL CHOGHIL BIL DARRĀJA.
8) MARRA BIL USBŪξ.
9) BASAL ξAL BAIT AL SĒξA SETTI U NUSS.
10) ANA BḤOB AL TNAIN!

EXERCÍCIO 65

1) NAḤNA ξENDNA ξOTLI MARRA BIL SENI.
2) AMTI RAḤ IKUN ξOTLTAK?
3) AL SIĀḤA KTĪR MUHIMI BIL BRAZĪL.
4) UAIN FI MAKTIB SIĀḤA ARĪB MIN HAUN?
5) AL MATĀR KTĪR BAξĪD?
6) ANA LĀZIM KUN BIL MATĀR ABL AL SAξA ξACHARA.
7) ANA ξAMILT AL JAUĀZ SENI AL MĀDI.
8) AL USŪL MUAQAξ ILA AL SĀξA KHAMSE.
9) HAIDI AL CHANTA CHUAI T>ĪLI.
10) UAIN AL CHANTĀT?
11) AL REḤLI KANET KTĪR ḤELUI.
12) CHU RA>AM MAQξADI?
13) ANA BADDI BIL CHUBBĀK, MIN FADLAK.
14) HAIDI BITĀQATI.
15) ANA RAḤ EDFAξ MASĀRI.
16) ZURNA DAIξA ḤELUI MBĀRIḤ.
17) MARTI BTḤOB TRUḤξ AL BAḤER.
18) LUBNĀN DAULE ZGHIRI BAS KTIR ḤELUI.
19) RĀḤ NAξMIL ZIĀRA ξAN ARĪB!
20) HADEK AL UTEL KTĪR GHĀLI.
21) KAN FI MAḤATA ξAJANB AL UTEL.
22) INTA JIBT AL CAMIRA?
23) CHU ISM AL ξUMLI HAUNIK?
24) ANA BADDI DŪ> AL AKEL AL MAḤALI.
25) RAḤ NCHĪL KTĪR SUAR.
26) HINNI RĀḤ IDALU BI MUNTAJAξ ARIB MIN AL BAḤER.
27) UAIN FINI ECHTERI SUVINIR?
28) AL MATξAM BAξD AL JISR.
29) UAIN AL ḤAMMĀM?
30) CHUKRAN JAZILAN!

LIÇÃO 17 – COM NÚMEROS (IDADE/VALORES/DATAS/TAMANHOS ETC.)

EXERCÍCIO 66

1) TESξA
2) TESAξTAξCH
3) TESξĪN
4) TLETE U TESξĪN
5) TMENI U ξECHRĪN
6) ARBAξA U TMENĪN
7) KHAMSE U SABξĪN
8) SETTI U TLETĪN
9) SABξA U ARBAξĪN
10) TNAIN U KHAMSĪN

EXERCÍCIO 67

1) ARBAξMIIE U KHAMSĪN
2) ARBAξMIIE U SABξA U KHAMSĪN
3) KHAMSTALĀF U TMENMIIE
4) KHAMSTALĀF U TMENMIIE U SETTĪN
5) KHAMSTALĀF U TMENMIIE U UAḤAD U SETTĪN
6) SABξA U ARBAξĪN ALF
7) SABξA U ARBAξĪN ALF U KHAMSMIIE
8) ALF U TESAξMIIE U KHAMSE U TMENĪN
9) ALFAIN U ξACHARA
10) ALF U TLETMIIE U AḤAD

EXERCÍCIO 68

1) ξOMRI KHAMSE U TLETĪN SENI.
2) HIE ξOMRA SETTĪN SENI.
3) IBNI ξOMRU TESξA.
4) ANA KĀN ξOMRI SABAξTAξCH.
5) RĀḤ IKUN ξOMRI TLETE U ξECHRĪN.

EXERCÍCIO 69

1) ANA KUNT HAUNIK BIL ALF U TESAξMIIE U TMENI U TESξIIN.
2) HUE MĀT BIL ALFAIN U TLETE.
3) ξĪD MILĀDI BI ξACHARA TNAξCH.

4) BI SETTI – KHAMSE – ALFAIN U ξECHRĪN HUE RĀḤ IKUN ξOMRU TLETĪN SENI.
5) HINNI RĀḤ ISALU BI KHAMSE U ξECHRĪN SABξA.

EXERCÍCIO 70

1) TLETMIIE U KHAMSĪN DULĀR
2) TMENI U ARBAξĪN DULĀR
3) KHAMSE U ξECHRĪN CENS
4) ALF U SABAξMIIE DULĀR
5) DULARAIN U NOSS

EXERCÍCIO 71

1) RA>AMI BIL BAIT 3-5-3-5-1-7-8-0.
2) RA>AM CELULĀRI 9-9-1-1-8-6-4.
3) RA>MI 9-8-7-5-4-2-5-8.
4) RA>MU 9-8-6-5-7-3-2-1.
5) ξENDI, BIL MAKTAB, RA>MU 3-5-3-3-8-7-5-1.

EXERCÍCIO 72

1) ξINUĀNI CHĀRIξTarobá, 3-8-5.
2) CHA>TI RA>AM 95.
3) RA>AM BAITU 138.
4) ξINUĀNI CHĀRIξ Naipi RA>AM 75 CHA>A 21.
5) ξINUĀNI KAN CHĀRIξ FALASTĪN RA>AM 17, ARĪB MIN AL MASJID.

EXERCÍCIO 73

1) RA>AM BANTALONI 42.
2) BADDI ECHTERI >AMIS 38.
3) LA>, RA>AMI 38.

EXERCÍCIO 74

1) AL SEξA TLETE.
2) AL SEξA KHAMSE U ξACHARA.
3) AL SEξA TESξA U RUBAξ.
4) AL SEξA ARBAξA U NOSS.

5) AL SEξA SABξA ILLA RUBAξ.
6) AL SEξA ḤDAξCH ILLA ξACHARA.
7) AL SEξA TNAξCH U TULT.
8) AL SEξA TMENI ILLA TULT BIL LAIL.
9) AL SEξA TMENI BIL LAIL.
10) AL SEξA SETTI ILLA KHAMSI.

EXERCÍCIO 75

1) ANA BFI> AL SEξA SABξA U NOSS.
2) ANA BRUḤ AL SEξA TMENI ILLA RUBAξ.
3) ANA BETGHADDA AL SEξA TNAξCH U NOSS.
4) LA>, ξĀDATAN BNĀM BAξD AL SEξA TNAξCH BIL LAIL.
5) RĀḤ SĀFIR AL SĒξA SABξA BIL LAIL.

LIÇÃO 18 – USANDO A FORMA COMPARATIVA E SUPERLATIVA DOS ADJETIVOS

EXERCÍCIO 76

1) DUBAI ACH-HAR MIN BAIRUT.
2) MASR ACH-HAR DAULE ξARABII.
3) BAITUN AQDAM MIN BAITNA.
4) Salvador AQDAM BALAD BIL BRAZĪL.
5) Ferrari ASRAξ SĀIĀRA BIL ξĀLAM.
6) ANA BEḤKI ASRAξ MINNU.
7) HAIDI AL BINEII AξLA MIN HAIDIK.
8) ANA FAKHŪR AKTAR MIN BAIAK!
9) HINNI ξENDUN ANJAḤ MATξAM BIL BALAD.
10) KHAII A>UA> MINNI.
11) ĀB ASUA> CHA-HER LAL TIJĀRA.
12) LIAUM ASξĀD LIAUM BI ḤAIĀTI.
13) HIE KANET ZAξLĀNI AKTAR MIN AL ξARŪS.
14) AL AMAZŌN AξRAD NAHER BIL ξĀLAM.
15) SĀFIR BIL SAIĀRA AKHTAR.

EXERCÍCIO 77

1) HUE CHUAI ATUAL MINNI.
2) “AL MANAR” ATIAB MATξAM HAUN.
3) RŪSIA AKBAR DAULE BIL ξĀLAM.
4) Ê, ANA BFI> ABKAR.
5) ANA BḤOB Pizza AKTAR.
6) KHAII Tarek ATUAL CHI.
7) ANA BFAKKIR Paris ACH-HAR CHI.
8) AKĪD! ESKUN BI CHA>A KTĪR A>MAN!
9) BURJ AL KHALIFA ATUAL BINEII BIL ξĀLAM.
10) Ê, AL ḤAKI AHUIN.

EXERCÍCIO 78

1) ABRAD
2) AJMAL
3) ANDAF
4) MALĀN AKTAR
5) ABξAD
6) AHUIN
7) AJDAD
8) ANSAḤ
9) AHDA
10) ASξAD
11) AKBAR
12) AZGHAR
13) ARKHASABTA>
14) AUTA

LIÇÃO 19 – USANDO SUBSTANTIVOS NO PLURAL

EXERCÍCIO 79

a) KITĀB
b) KITĀBAIN
c) TLET KUTUB
d) KHAMS KUTUB

e) SABAξ KUTUB
f) ξACHAR KUTUB
g) ḤDAξCHAR KITĀB
h) ξECHRĪN KITĀB
i) KHAMSE U SABξĪN KITĀB
j) ALF U KHAMSMIIE U KHAMSIN KITĀB

EXERCÍCIO 80

1) Eu vou comprar 4 camisetas novas.
2) Ele comeu 2 maças de manhã.
3) Estas chaves não são minhas.
4) Eles têm 2 filhas.
5) Aqueles cadernos são seus?
6) Os engenheiros trabalham até às 8h.
7) Os ventos vão estar muito fortes amanhã.
8) O filho dela tem 5 meses.
9) Os ricos sempre compram mais.
10) De quem são aqueles chinelos?
11) Coloque esta caixa em cima daquelas caixas.
12) As carteiras estavam na gaveta.
13) As ruas são muito bonitas lá.
14) Há 3 telefones na casa.

EXERCÍCIO 81

(g)
(c)
(j)
(d)
(a)
(i)
(b)
(e)
(h)
(f)

LIÇÃO 20 – SOBRE DIREÇÕES

EXERCÍCIO 82

1) MARḤABA! MIN FADLAK UAIN AL ḤAMMĀM?
2) SABĀḤ AL KHAIR! INTA BTAξRIF UAIN AL MATξAM, MIN FADLAK?
3) UAIN FINI EKHOD TAXI?
4) LĀZIM LOF ξAL IAMĪN AU ξAL CHMĀL?
5) ANA MA FAHIMT, BAξD AL ICHĀRA, CHU LAZIM AξMIL?
6) RUḤ CHI TLETMIT METER U LOF ξALA AL IAMĪN.
7) TĀNI CHĀRIξ ξAL CHMĀL.
8) UAIN AL MAKHRAJ?
9) AL MAKTIB TĀLIT BĀB BAξD AL ISTIQBĀL.
10) AL ITIJAHAT MAUJUDIN BIL MAUQIξ AL ILIKTRUNI?
11) HAIDI AL MATRAḤA BI JUNUB AL BALAD.
12) AL MATĀR BISĪR ξAL CHIMĀL.
13) HINNI SĀKNIN BI CHARQ FRANSA.
14) LIL ASAF FI KTĪR MACHĀKIL BIL CHARQ AL AUSAT.
15) HINNI ξENDUN BAIT BI JUNUB LUBNĀN.
16) INTIBIH ILA AL ICHARĀT.
17) CHU BTEξNI HAIDI AL ICHĀRA?
18) KHOD IAMINAK U RUḤξ ALA TŪL.
19) TĀBIξ AL ICHARĀT.
20) FI ICHĀRA METEL HAIDI HAUNIK.

Sobre o autor

Jihad Mohamad Abou Ghouche nasceu em Palmeiras das Missões, RS, e aos 10 anos se mudou para o Líbano com toda a família. Lá concluiu o ensino fundamental e médio em uma escola bilíngue (árabe/inglês) e em seguida estudou literatura inglesa e americana. Retornou ao Brasil em 1993. No ano seguinte começou a lecionar inglês em uma escola de idiomas, e em 1997 abriu sua própria escola em sociedade com um colega. Inicialmente, era uma escola de ensino de inglês, mas ao longo dos anos passou a oferecer também cursos de espanhol, italiano, árabe, francês e alemão. Jihad também é formado em pedagogia e acumula 25 anos de experiência no ensino de idiomas. Já lecionou para alunos de praticamente todas as faixas etárias, dos 4 aos 80 anos, em escolas de idiomas, colégios, faculdade e turmas especiais em empresas. É autor dos livros:

- **Fale árabe em 20 lições** (2009 – Disal Editora)
- **Solte a língua em inglês** (2010 – Disal Editora)
- **Meus primeiros passos no inglês** (2011 – Disal Editora)
- **Melhore o seu inglês** (2012 – Disal Editora)
- **Pratique conversação em inglês** (2015 – Disal Editora)

Visite o canal "FALE ÁRABE" no YOUTUBE e concilie seus estudos com as mais de 450 videoaulas do professor Jihad que lá se encontram!

Como acessar o áudio

Todo o vocabulário e exercícios contidos no livro foram gravados por nativos da língua árabe para que o estudante repita em voz alta e aprenda a pronúncia correta. São 39 faixas de áudio! Estas faixas estão disponíveis on-line em plataformas conhecidas ou para serem baixadas e ouvidas em dispositivos pessoais off-line.

On-line: no **YouTube** digite "jihad m. abou ghouche"

Off-line: envie um e-mail para **marketing@disaleditora.com.br** e solicite os links, mencionando o título do seu livro. Receberá todas as faixas para baixar em seus dispositivos.

IMPORTANTE:

Caso você encontre ao longo de seus estudos no livro citações ou referências a CDs, por favor entenda-as como as faixas de áudio acima indicadas.

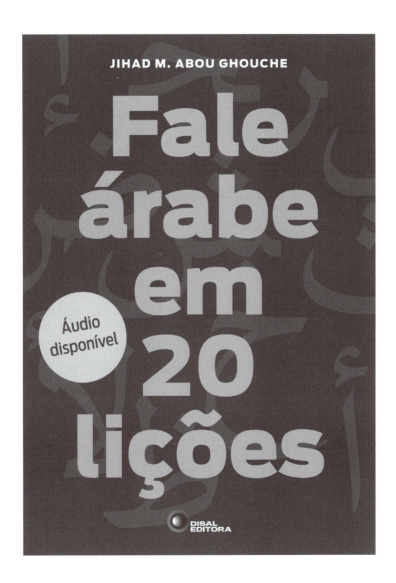

Este livro foi composto na fonte Minion,
e impresso em novembro de 2023 pela Vox Gráfica,
sobre papel offset 75g/m².